財部　彪（財部家提供）

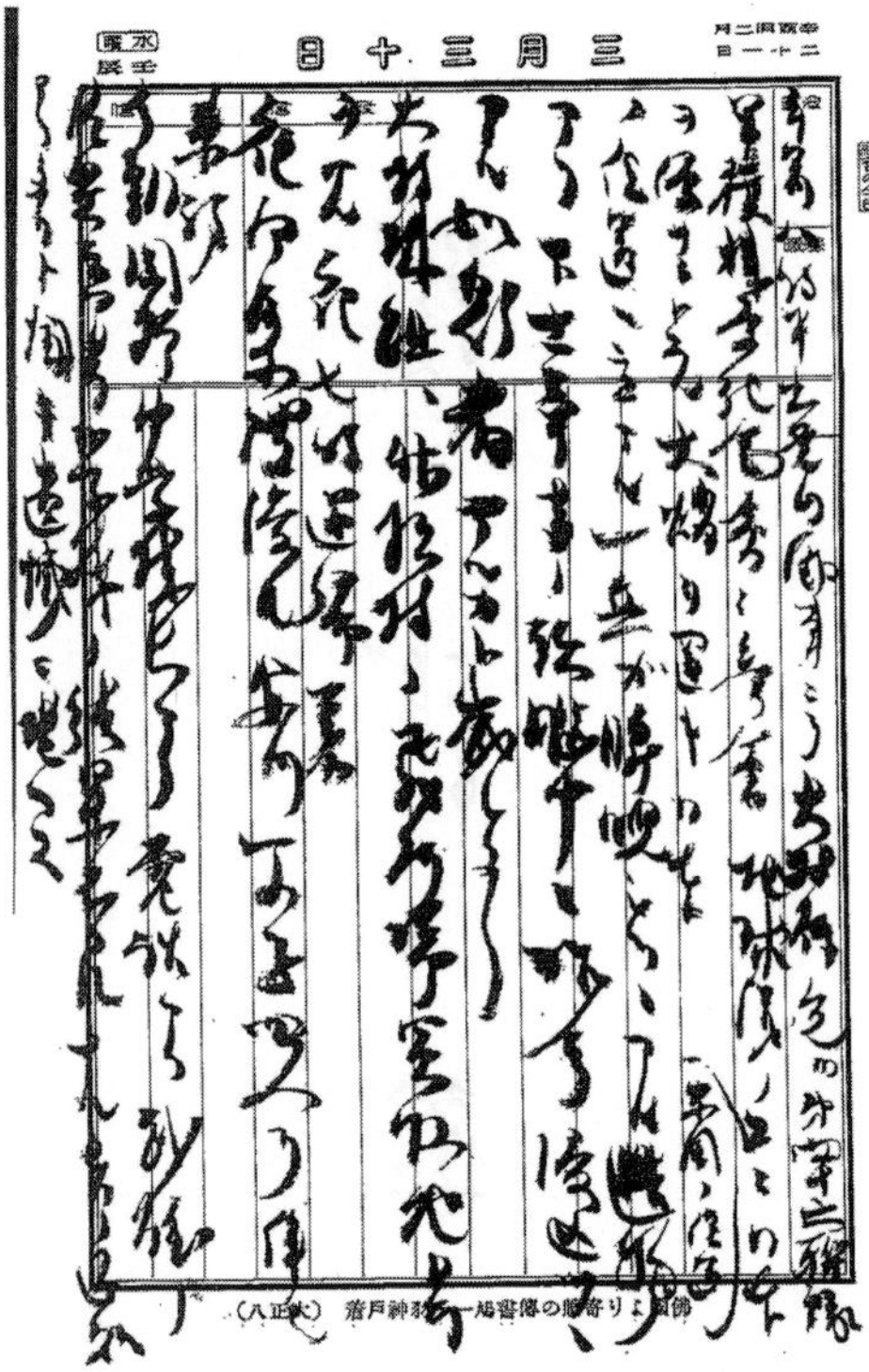

大正10年3月30日
（国立国会図書館憲政資料室所蔵、以下同）

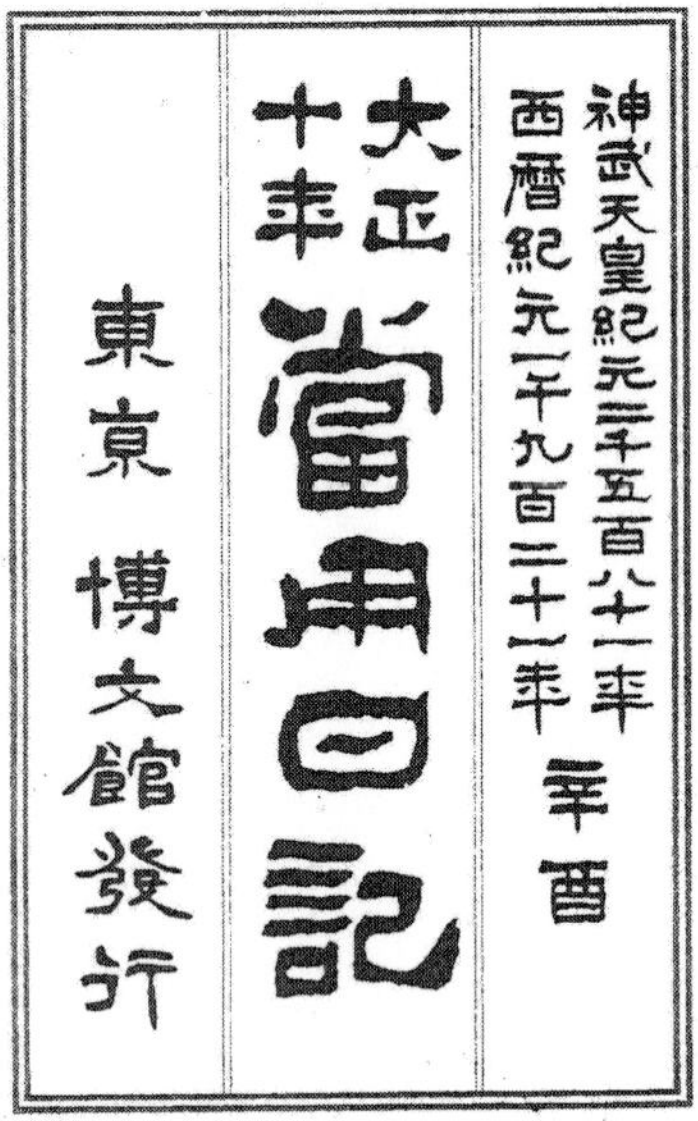

日記が書かれた「当用日記」

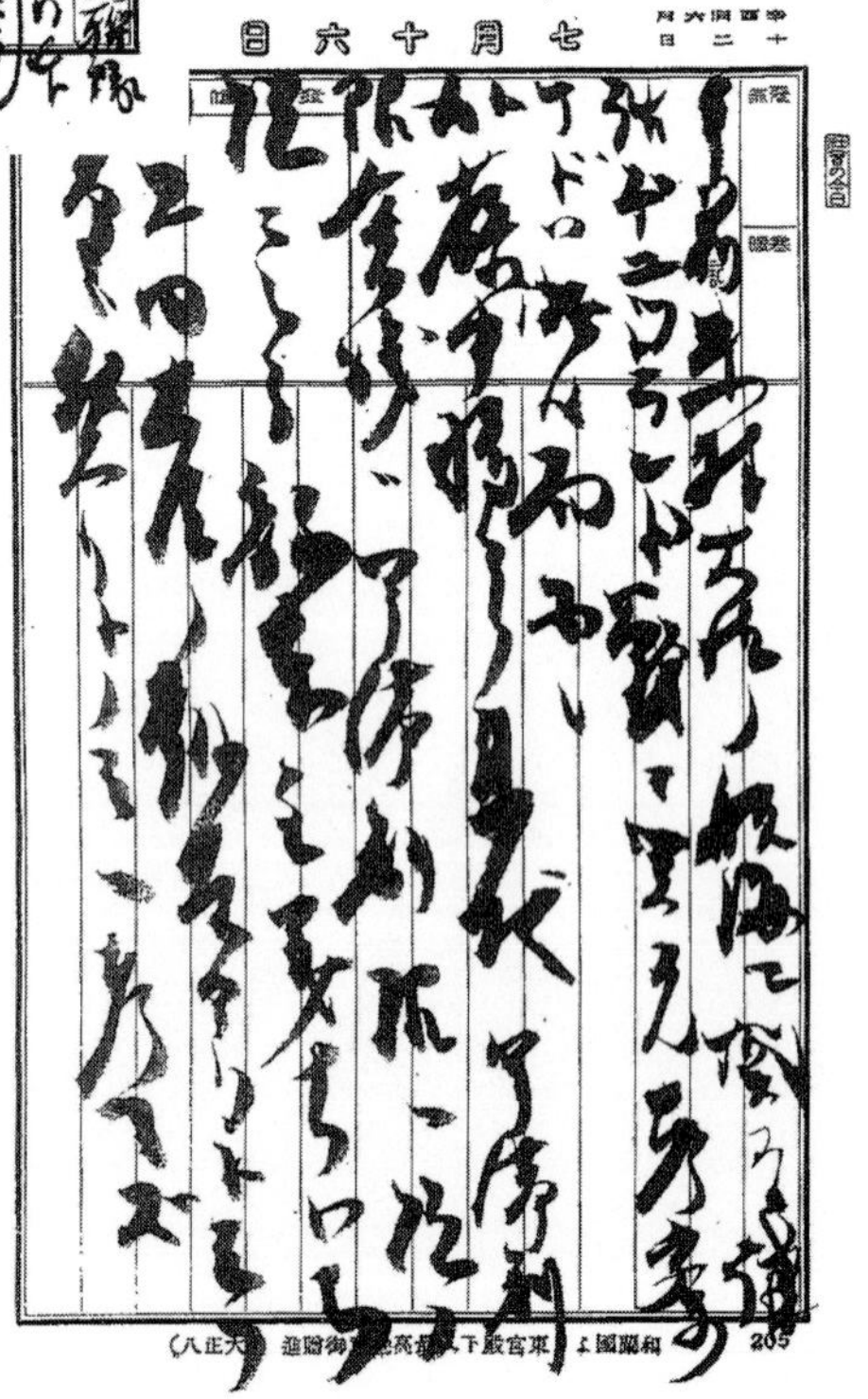

大正10年7月16日

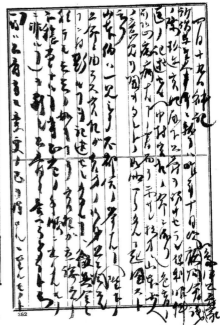

四月十九日補記

[illegible]

382

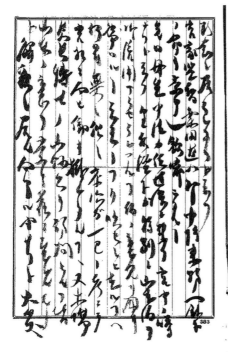

[illegible]

383

[illegible]

384

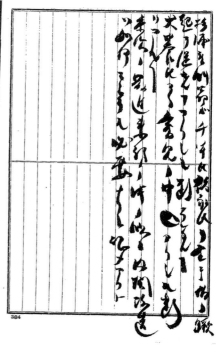

大正10年4月19日補記

大正10年11月28日

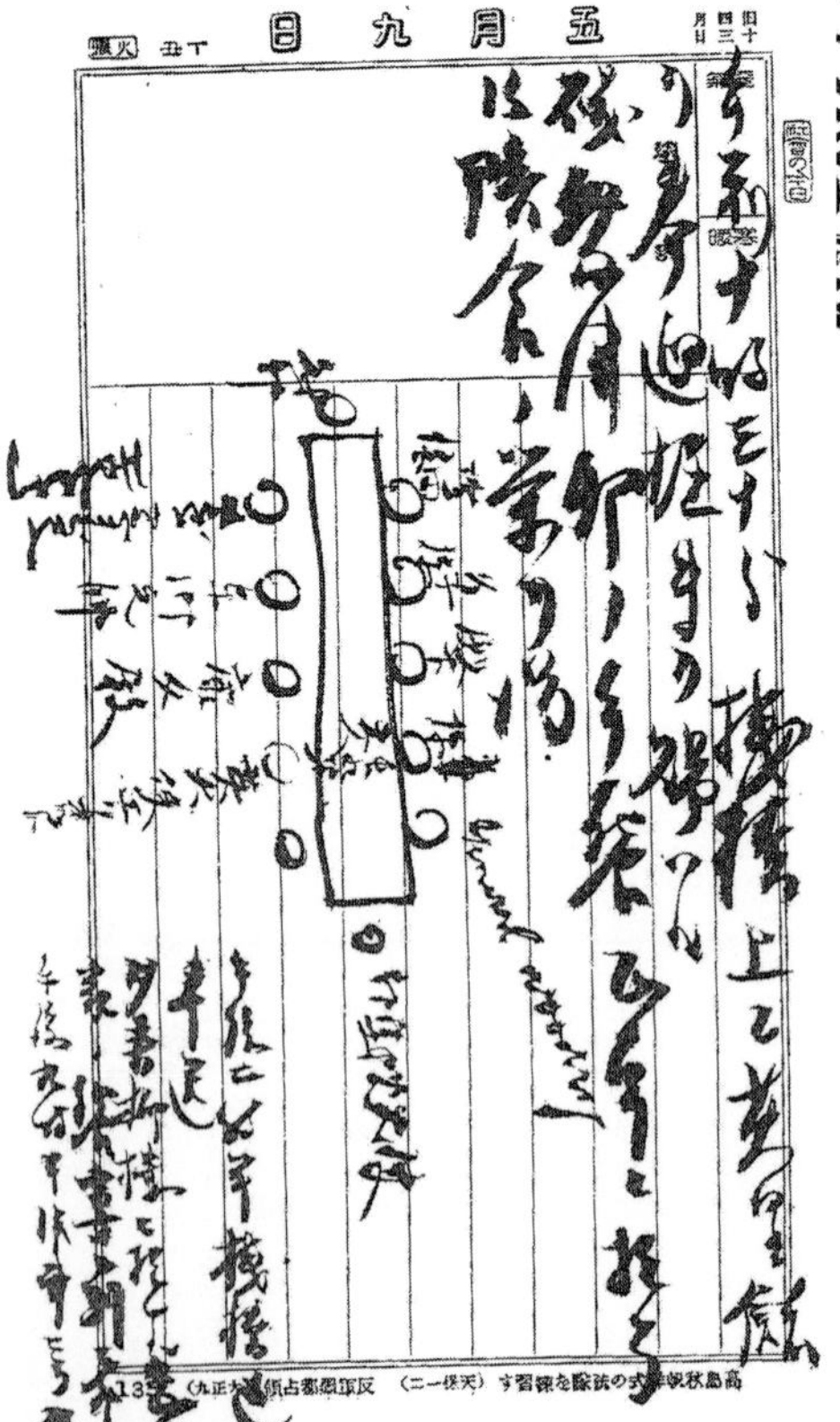

大正11年5月9日

尚友ブックレット39

財部彪日記　大正十年・十一年

――ワシントン会議と海軍――

尚友倶楽部・季武嘉也　編集

芙蓉書房出版

刊行のことば

現行憲法の下で、帝国議会は国会となり、貴族院は参議院へ引き継がれた。尚友倶楽部（前身・研究会、尚友会）は、明治以来、貴族院の選出団体として重要な役割を果たしてきたが、戦後は、純公益法人として、日本文化の国際的理解に役立つと思われる、公益事業や、学術団体、社会福祉、などへの援助を中心に活動をつづけている。

近現代史に関連する資料の公刊もその一環である。昭和四十六年刊行の『貴族院の会派研究会史・附尚友倶楽部の歩み』を第一号として、平成二年までには十二冊の「尚友報告書」を発表した。平成三年刊行の『青票白票』を第一号とする「尚友叢書」は、令和五年には五十一冊となり、近現代史の学界に大きく寄与している。

一方「尚友ブックレット」は、第一号『日清講和半年後におけるドイツ記者の日本の三大臣訪問記』を平成六年に非売品として刊行し、以後三十八冊を刊行し今日に至っている。「尚友ブックレット」は、原文書のみならず関連資料も翻刻刊行してきているが、未公開の貴重な資料も含まれており、一般の方々からも購入の要望が多く寄せられてきたので、二十一号から一般にも入手できるような体制を整えてきた。

今回刊行の第三十九号は、財部彪の大正十・十一年の日記である。この時期、第一次世界大戦後の軍縮会議であるワシントン会議が開催され、尚友叢書23『財部彪日記　海軍大臣時代』（令和三年）と併せ読むことでワシントン体制期の海軍の動向が伺い知れるものである。今後も研究等に有効に用いて頂き、近現代史の学術研究に役立つことを願っている。

令和六（二〇二四）年三月

一般社団法人　尚友倶楽部
理事長　山本　衞

財部彪日記　大正十年・十一年　―ワシントン会議と海軍―　目次

凡　例

一、翻刻にあたっては、常用漢字を用い、原則としてカタカナはひらがなに改め、合わせ文字は開き、適宜句読点を付した。改行は、本文を尊重しつつも、内容に沿って適宜加除した。

一、カナ遣いは読みやすさを考慮して濁音を用い、そのほかは原則として原文通りとした。

一、人名、役職名が登場した場合、分かる限りでフルネーム、役職などを〔　〕内に補った。ただし、煩雑さを考慮し、各年の初出のみに付した。また、〔　〕内の記述で佐世保鎮守府は佐鎮、横須賀鎮守府は横鎮、呉鎮守府は呉鎮と省略した。

一、日記帳末尾の補遺欄の記述は、日付が記されている場合はその日付の箇所に移した。住所録など、一部省略した箇所がある。

一、明らかな誤記と思われる箇所には傍注で〔ママ〕を付したり、正字を補った。ただし、慣用的に用いられる誤用表現には付していない。

一、プライバシーに配慮し、一部削除した箇所がある。

財部彪日記

大正十年・十一年　―ワシントン会議と海軍―

大正十年

一　月

一月一日　土曜

朝、所謂小春日和、好天気。午後より少く時雨る。

七時過、親子九人（武雄は東京へ遊学中）縁に整列し東向、至尊を遙拝。次で郷里祖先に及ぶ（実が担任教師野田幸太郎先生より験すべしと訓へられたりとの事に付、好き機会と思ひ実行）。

午前九時半より参府、御写真奉拝式。

十一時、市役所に於ける祝賀会、正午水交社に於ける祝賀会に臨む。市役所、水交社に於て各簡単なる挨拶を為す。市役所に於けるものは、多少の感動を与へたるの感あり。

〔補遺〕

勅題に対する拙歌、左の如く改む。

新玉の年乃始に御社の　園生に高く鶏の声そする

御社の杉の梢に立昇る　早霧そみよ乃祥瑞なるらん

夕刻、経理部長相原〔文四郎〕少将、人事部長〔牟田亀太郎〕、港務部長人見〔三良〕大佐、比叡艦長匝瑳〔胤次〕大佐来訪、緩談。

本夜、下婢等に至る迄唱歌、福引等を催ふし、児童等嬉々として楽めり。

一月二日　日曜

午前十時過、木村〔剛、佐鎮工廠長〕中将夫婦東道と為り、上野伯爵〔正雄、北白川宮能久親王六男、大尉〕夫婦と共に来訪。

昼頃より降雨と為る。終日在宅。年賀状の応酬、書見等に忙し。

一月三日　月曜

終日在宅。三国名勝図会、新聞等を耽読す。
午前降雨、午後曇。

一月四日　火曜
午前十時出頭、勅語奉読を為す。
午後妻同伴、上野伯爵を答訪す。
帰途、岡野〔章太、佐世保〕中学校長、次で木村工廠長を訪ふ。

一月五日　水曜
珍しき好天気。午後庭樹手入を試む。
夜に入り永野永三中佐〔「高崎」艦長〕来訪せるも、来客中にて面会せず。
午後より引続き木村氏の子女来遊中なりき。

一月六日　木曜
天気宜し。出府。
久振にて官府にて昼食の感あり。
退出後、児童と蹴鞠を試むるとき、延寿寺布教師柴田凱秀氏来訪。次で大坂毎日の馬場氏来訪。

夜、武雄に出状。

一月七日　金曜
朝、平野〔勇〕軍医長昨日東京より帰着せりとて来訪。
夜、三光邸の事に付、中村嘉寿氏〔実業家、のち代議士〕へ発電。
斎藤真少将〔呉鎮〕へ子守叔父の事に付出状。
松田健、折田一郎両氏へ出状。

一月八日　土曜
午前、伊集院俊〔少将、佐世保防備隊司令〕氏に出状の処、午後同氏より来書。伊集院元帥〔五郎〕の病状を語る事詳也。
折田一郎氏よりも来書。

一月九日　日曜
自働車故障との事に付、大村湾行を取已め、赤坂方面へ三児と袖長とを同伴し散策。
目〔米ヵ〕良出身の兵曹某都城より菊池〔武夫、歩兵第六四聯隊長〕大佐の名刺を齎し来る。

門田喜次郎氏の甥清（三機兵）鹿児島より帰着せりとて、門田氏の土産蜜柑籠一箇を携へ来る。

一月十日　月曜

午前半晴、午後小雨と為る。

妻は加藤〔八太郎、元海軍主計総監〕前市長邸に謡会とて午後出席。

中村嘉寿氏より来電、市来〔乙彦、元大蔵次官、貴院議員〕氏断らると云ふ。

都城へ出状。徴兵届差出方を依頼す。

一月十一日　火曜

午後四時頃、高山師団長〔公通、第一八師団〕来訪の由に付、本夜来邸を請ひ緩談十一時頃に至る。三個中隊大隊、三個大隊聯隊、三個聯隊師団の方（且つ一中隊百二十人の少数）、運用に便なりとの説を聞く。此場合には師団長の下に歩兵指揮官を置き、又機砲、迫撃砲等を整備するの要ありと云ふ。

一月十二日　水曜

朝、池月に高山師団長を答訪せるに已に出発後に付、午後二時副官をして停車場に見送らしめ、上原将軍〔勇作、陸軍大将、参謀総長〕定限年齢に到着前努力を要する件書面を送りしに、折角其賦なる旨の返答あり。

午前、水谷軌秀氏〔三谷ヵ、大阪実業家〕来府、副官をして工廠等を案内せしむ。

午後、海兵団長〔井手元治、大佐〕を招き、新兵に時代悪思想に感染しおるものなきやを念を押し尋問す。

加藤海相〔友三郎〕に私書を出す。斎藤将軍の事を始とし、木村中将、小林少将〔研蔵、佐鎮参謀長〕の事も意見を進む。

一月十三日　木曜

倫敦の冬日和にて、夕小雨さへ至る。

夜に入り本省より電あり。

　本日午前十時伊集院元帥薨去

の報あり。直に弔電を出す。又伊集院俊氏に出状、在京を延し加勢方を勧告し送れり。

十日附の伊集院俊氏の書翰夕着、六日以来嗜眠状態にて九日には危篤の診断あり、上聞に達するに至れりと云ふ。

清君より来電（午前八時五分発）。
　昨日家は約束済み　清
とあり。
野村氏へ電話、三州会は今少く延ばしては如何と申入れたり。

一月十四日　金曜

野村氏より、三州人会は予の勧告に依り二月十一日に延期の事に決せる旨の報告あり。

夜半より降雨、雪を伴ふ。

一月十五日　土曜

晴天。

内田氏〔政彦、元海軍法務官、佐世保市長〕来訪（鎮守府に）。

伊集院俊、黒井大将〔悌次郎〕より来状。元帥の病状益々悪しとの十二日附の書面なり。

今田氏より来状、三光の家は上海の医家篠崎〔都香佐〕氏に貸せりと云ふ。

今朝より飼犬ヂャック見へずとの事に付、夜に入り警察に届けしむ。

早川〔兼揚〕島津公爵家々令より来状。

一月十六日　日曜

終日雨又は曇。

本日午後三時、伊集院元帥の葬儀（於東京）あるに付遊行を見合す。

午後一時より保立小学校に於て保護者会あるに付出席。校長の乞に由り講話を試む。

夜に入り、昨日帰着せりとて志摩清英〔大尉、「霧島」通信長心得〕氏来訪。

黒井大将、早川家令に出状。

一月十七日　月曜

晴天。飛行機の教練飛行を望見す。本年開始以来第三回歟。

湯地幸平氏〔福井県知事〕より来信、社会主義に関する講話録を送り来る。一読、頗る啓蒙の感あり。

木村工廠長来府、共済組合病院長の誹謗を企てたる医員等の事に付報告あり。

黒井大将より来信、伊集院元帥の病状経過要略等送り来る。

一月十八日　火曜

好天気。出勤時刻少く後れ、練兵場に多数部隊已に教練中に付、之を妨ぐるを慮り表構門の方に迂廻して出勤。

鹿児島鉄工所の隈崎佐太郎氏来府、木村工廠長に紹介す。

内田政彦氏より来書、近藤某が犬訓練を断れるの通知なり。

英国セノタフ並 unknown warrior 葬儀に関する記事を読む（Graphics）。

一月十九日　水曜

夜来の雨終日持続。明日の観兵式は取止む。

退出の途、水交社に立寄り散髪。

一月二十日　木曜

好天気。

人見港務部長〔三良、佐鎮〕、丸瀬築設大艦繋留設備の余り有望ならざる意見を齎し来る。

採炭所の萩尾技師〔善次郎、海軍燃料廠採炭部〕等工廠石炭礦の実査に来る。

米国の海軍雑誌に出でたるヂュットランド海戦記頗る面白し。

武雄より来書、自らは三十三年出生に付、今年は海兵の受験資格なしとて悲み来れるも、同人は三十四年生に付、直に電報を以て願書差出方を促す。

折田一郎氏より来書。

一月二十一日　金曜

好天気。夜に入り強風吹荒む。

伊集院俊少将昨日東京より帰着、本夕来訪。伊集院元帥の病状等詳細を聞く。加藤寛治中将〔海軍大学校長〕が近時神経興奮の状況、先の秋山〔真之〕中将晩年に似たりとの山本信次郎大佐〔軍令部副官〕の評なりと云ふを聞く。聊か痛心なり。

一月二十二日　土曜

午前十時より観兵式挙行。隊員二千四百余名。

山本大人〔権兵衛、義父〕より妻へ来状、数日前の大坂毎日新聞の砂糖密輸入に関する記事に付、心配せられたる模様なり。虚報の影響恐るべし。

一月二十三日　日曜

午前九時より上野伯を誘ひ牽牛崎要塞砲台附近の雉子猟に赴く。真幸、四郎も同行。

帰途、山之田水源地を視察し、三時頃帰着。

一月二十四日　月曜

本夕、伊集院少将を招き夕食を共にし緩談。

一月二十五日　火曜

好天気。

昨日博義王殿下霧島に御帰艦。艦内総塗換の為水交社へ御止宿に付、午後三時伺候。御在泊中軍港御見学の事並御食物野菜類御摂取の要ありと云ふ事を言上。東京凮屋の特製羊羹沢山御土産として賜るに付、参謀長、参謀、副官等にも分配せしむ。

午後七時五十分発の汽車にて鹿児島に向ふ。野村大佐〔健、主計、佐鎮経理部〕、中村副官〔季雄、大尉〕及戸山画伯夫婦同伴。本夜鳥栖より急行に依らず二等車にて南下せる為め、鳥栖の待合時間少く好都合なりき。

一月二十六日　水曜

午前九時過、鹿児島着。沖、久保熊彦、折田一郎、鮫島鉄馬、河野某等出迎ひ呉れらる。沖氏の自働車にて薩摩屋別荘に就宿。

田中〔秀夫〕検事正来訪。

昨日、小栗〔孝三郎〕中将、皇太子殿下御渡欧護衛の内命を受け、横須賀に回航の旨の通報を落手に付、本日葉書を認め祝意を表し成効を祈る。

午後、久保熊彦氏の案内にて鴨池に於ける同時のカーボランダム、アランダム造器工場を至り見る。序に動物園を見る。

一月二十七日　木曜

午前七時、第二桟橋よりギグにて野秋〔分ヵ〕に乗艦。十時前佐多岬着。望楼南直下より上陸。検閲。

正午過帰艦、直に船間に向ふ。二時過船間着。本日島津家の折田氏、有川九介〔鹿児島県資産家〕氏等も便乗し行く。

四時過、五郎ヶ元着。帋ヶ尾、下一小、鹿倉の狩を為す。何物も見へず。

五郎ヶ元の取締北郷氏帰鹿児し、谷元弥一氏新に来り居れり。又多年の知合なる千太郎昨春来死亡し、八船某亦他に移住して在らず。

一月二十八日　金曜

午前八時より発、帋ヶ尾、鹿倉を手始に三ヶ処を狩立るも、何物も見へず。如斯は当地に於て稀有の事なり。最後の鹿倉の処に間伏行を為したる跡あり。不審を起す。

本日降雨断続。

今回参会せる半下原宇平太、小之丞、小牧伸吾、右之助等は昨年来の知合猟師なり。

一月二十九日　土曜

今朝の出発を延期し、八時過より狩猟。第一鹿倉に於て一猪、二鹿出たるも、打つに至らず。第三鹿倉に於て大鹿（四又角あり）一頭打留めらる。

本日は好天気にて、猟夫等頗る努力す。

一月三十日　日曜

午前九時前出発。十時過船間に於て野分に乗艦、帰鹿児。北西風強吹せるも船間は頗る平穏なりき。

三時過着、鹿児上陸。薩摩屋別荘に入る。

夕、伊勢氏来訪、鹿の分方を為す（肉屋を招き）。東京島津公〔忠重、少佐、砲術学校教官〕に三股を呈する事とし、胴の腹中部は野分に送り、残は予貰ひ受く。

五郎ヶ元世話を為したる男女に予より十円、幕僚より若干（十円？）を送り、又船間青年会と婦人会に十円送る。

一月三十一日　月曜

午前九時過、久保熊彦氏の自働車を借り薩摩屋別荘出発、都城に向ふ。磯より兎鼻辺迄通路余り宜らさりし外、殆んど理想的の自働車通路なる為、三時間以内にて都城着。

途に龍峯寺の先考の墓に参づ。

龍岡篤敬、町助役、新聞記者等来訪。夜に入り岩切〔信一〕氏来訪。

新座敷の後方に新に四畳半一間と両便所新築中なりしには一驚を吃す。

母上は余程健勝に見受たるも、常子姉上は足部ローマチス、弓姉上は眼疾にて多少弱り居らる。

二　月

二月一日　火曜

朝九時過発、馬車にて千穂山林視察に行く。中村副官と成山某同行。

三時過帰着。墓参を為したる後、本夕出発上京の龍岡氏を訪ひ、帰途岩切氏を訪ふ。

二月二日　水曜

午前九時小学校に至り、六年生の算術授業の情況を視る。之に先ち講話を試む。

十時五十五分発汽車にて発、熊本に向ふ。

夕六時過、研屋支店に投宿。警察部長〔牛島省三〕等自働車を以て迎ひ呉れらる。

二月三日　木曜

午前九時、県庁の自働車にて理事官古川〔静夫〕氏の迎を受け出発、隈府に向ふ。降雨。十時過着。

郡会議事堂に於ける志願兵検査を視察す。

郡役所にて午餐の饗を受け、午後菊池神社に参詣。

宝物館にある櫛田表に出陣途中の〔菊池〕武時勇断の歴史画は最も予の意を得たり。是れは露戦役以来予が村〔邨〕田丹陵氏に嘱托しある画題なり。

帰途は雨霽れ、快乗なりき。

二月四日　金曜

午前九時半、研屋支店を出で県会議事堂に於ける志願兵検査を見る。

帰途、県庁に立寄り、十一時半過の汽車にて帰佐の途に上る。

三時頃鳥栖の片倉製糸所に野崎〔熊次郎〕氏を訪ふ。

夕七時過、帰佐。

二月五日　土曜

去廿九日風呂場火災を起さんとせる事に付、朝建築部長神谷〔邦淑〕氏来訪等にて十時過出勤。

昼食に鹿肉を供し、幕僚と鎮守府に会食。

伊集院少将夕食に来会。

延寿国清短刀研上鞘手入代八円と銀台金着二重鎺代拾円、計十八円を伊集院氏に托し、石川周八（芝南佐久間町二丁目十八番地）に払ふ。

二月六日　日曜
終日在宅。
午後、松村豊紀氏来訪。夕、野村健氏同断。

二月七日　月曜
本田広二氏を招き、マリー犬仕込方の事を頼む。
大久保利武氏〔貴族院議員〕に書留にて金拾六円を送る。樺山〔資紀〕伯快気祝として贈呈品の割前なり。
夜、鎌倉扇ヶ谷島村勘四郎に金七拾円送方の手続を為す。是にて十二日迄の税金を皆済し、七円余の謝礼をも含むものなり。

二月八日　火曜
好天気。
本日、水雷学校教官の講話には書類輻湊の為出席せず。
由美姉上眼疾稍宜しとの書面あり。
第十八銀行支店の通帳を蒔台の上に露出せるを発見。笑止々々。
豊子、実、真幸を妻眼受診の為病院に伴ふ。何れもトラホームには非ずと云ふ。
昨日入浴を止めたる為か、今夕は児童も入浴を喜ぶ事著し。

二月九日　水曜
好天気。

金弐百円小切手を官房の松下元中佐〔海軍省副官〕に郵送。小林躋造〔英大使館附駐在武官〕大佐留守宅に届方依頼す。

同時に七拾円小切手を鎌倉扇谷島村勘四郎氏に書留にて送附す。

夕刻、実、真幸、四郎三児と撃剣を試む。

武雄に高校志願者数記事を郵送す。

国許姉上に出状。

二月十日　木曜

山内四郎少将〔艦政本部第六部長〕来府、航空術の近状を聞く。

広瀬林也氏当地警察署長を止め、休職と為れりとて来府。

本夕、山内少将の為晩餐会を催し、木村、島内〔恒太、少将、第一水雷戦隊司令官〕、小林、伊集院の諸将も招く。

神田氏より猪肉到着。

二月十一日　金曜

好天気。

例に依、御真影拝礼式。

端舟競技は防備隊優勝旗を得。珍き事也。

正午は水交支社に於て社員の祝賀宴会。

二時半頃より東本願寺に於ける三州人親睦会に臨む。一場の講話を為し、会規等を作るには余り雑泊《(マヽ)》広範に渉り竜頭蛇尾に陥らざる様注意必要なる事を注意しおけり。

金拾円を寄附す。繭〔飯〕牟礼氏琵琶を弾ず。

二月十二日　土曜

前夜強雨あり。朝旭日輝々たり。

夜に入り伊集院少将来訪。

夕、潮見町青年団員数名来訪に付、福原副官〔五郎、中佐〕に依頼し引見せしむ。

二月十三日　日曜

夜来少雨。日昇るに従ひ霽る。好天気。

午前、本田広二氏来訪、メリーを狩猟に伴ひ貰ふ。可也狩りたるものゝ如し。

午後、水交社に於て飯牟礼氏の琵琶弾奏あり。女子供は其余興に評判籍々たり。

Mrs. Richmond の一月二日附書面到着。**Miss Byers** 二、三年前死去、シルビヤは来三月結婚の積なる旨報あり。

二月十四日　月曜

手塚〔太郎〕長崎控訴院長来府。

午後、蒼鷹の損害模様を第三船渠内に見る。

本夕、大寺量吉大佐〔「龍田」艦長〕と大野竹二中尉を夕食に招く。

松下元中佐より来状、金二百円の小切手小林躋造大佐留守宅領収の証封入しあり。

五郎、辰彦都城に行くとて玩具類の荷物を造り居り、予の帰宅を待ち許可を求めたるところ面白し。両人はメリーを同伴し行くべしと云ふ。

二月十五日　火曜

出府。特記すべき事無し。

二月十六日　水曜

参謀長志自岐望楼代閲。異状なしと云ふ。

午前、日比野〔貞恭、佐世保〕市助役来府、商業団相談役海軍より若干人出し方の事に付相談あり。

出勤の途、鎮守府裏門下通路に置きあるアシュを石炭歟と疑ひ尋問するに、矢張アシュにて、矢岳練兵場内運動場構築用に供するものなるを聞き、工廠焚火の不十分ならざるやを感ず。

先日下婢マツ風邪にて共済会病院に入院のところ、本日老女も亦発熱に付入院せしむ。

武内康吉大佐病気不良にて、武谷〔広〕博士来診の由にて来府。

島村勘四郎書留郵便領収の書面来る。

本日、喜代子頭痛の為学校欠席。

二月十七日　木曜

夜来降雪。寒気加はる。

青島防備隊撤退、燃料廠建設の咄あるに付、打合の為参謀長出京如何と注意しおけり。

退出前、工廠長来府。

武内大佐の為揮毫。

本日、実は風邪にて出校せず。

二月十八日　金曜

朝、勲章授与式。終て植木屋に到り梅鉢等を需め、病院に在り危篤中の武内康吉大佐の見舞に送る。

午後、一般会報。下士官兵等の稍驕奢に流れんとするの傾なきやを注意す。軍機保護の事も注意す。

新聞紙上に伝ふる某重大事件の端緒は、良子女王殿下の母宮俔子殿下の御生母が故島津忠義公の側女なりと云ふ非難に因するに非やとの咄を聞く。

二月十九日　土曜

永沼〔秀文〕陸軍中将、在郷軍人会講師として来佐、来府。
山路中将〔一善、鎮海要港部司令官〕鎮海より平戸に便乗、来佐。本夕、木村中将、平野少将を山路氏の為め晩餐に招く。
大谷〔幸四郎〕第三水雷戦隊司令官来港、来府。

二月二十日　日曜
昨日、牧野〔伸顕〕子爵宮内大臣に御親任の新聞報あり。
午後、妻、山路中将同伴、鵜渡越に散策。高増氏邸に立寄る。鵜渡越は新道開通式とて運動会等あり、頗る雑踏。

二月二十一日　月曜
起出れば樹梢、庭面尽く白化しあり。降雪の勢尚ほ荒々しく連続、正午頃に至る。
夜に入り霽る。
山路氏〇、四〇の汽車にて発、帰去。
今朝、島津忠重公予定通出発の趣、東京島津家より来電。
退出後、人事部長〔菅沼周次郎、大佐〕来訪。

二月二十二日　火曜
午前九時四十分発汽車にて鹿児島に向ふ。出発前有田正盛氏東京より来着、来訪。
千原に面会、支配人末松某を紹介。有田氏を電話にて木村工廠長に紹介しおけり。
本日、伊集院少将、中村副官同行、鳥栖駅にて島津忠重公爵の一行に落ち合ひ、送別の盃を挙ぐ。所謂重大事件に関し昨七日頃より聞知（倪子殿下より）奔走せられたる経緯を語られ、又着英の上は東宮殿下の御用命ある内定なる事、随行員撰定に困難を感ぜられたる事等打明け、詳密に物語らるゝところ、従来に未だ見たる事なき処にして、御性質の上に一進境を見られたるを思はしむ。
各駅に於て迎送する旧藩者に対する
〔補遺〕
用意、体度、亦頗る敏活にして、且つ体を得たるものあるを感ず。
吉松駅迄の出迎人は山本〔徳次郎、鹿児島〕市長、折田兼至氏〔元衆院議員〕、三島津男爵等を始めとし十数名に上る。
熊本駅にても迎送者多し。今村博士亦乗車し来る。

八時過鹿児島着、直に薩摩屋別荘に入る。

二月二十三日　水曜

午前七時五十分久保氏の送り呉れられたる自働車にて出発。谷山、川辺を経て十時過加勢〔世〕田着。雪後にて道路悪く、案外時間を取れるなり。

直に郡役所に於ける募兵検査を見る。

十一時半出発。伊作、日置、伊集院を経て帰鹿児。伊集院、鹿児島間道路悪し。

午後五時過の汽車にて都城に向ふ。宮崎新聞社主幹岩切某同車。

籠の久木田老未亡人の手作りの蜜柑とて、寄贈を受く。

十時過、帰邸（超米庵に）。

二月二十四日　木曜

午前十時頃より龍峯寺と寿念寺に墓参。寿念寺は青年会にて墓地整理を為せりとて、我祖の墓地の如きは却て改悪の感あり。時機を得次第、龍峯寺に改葬の必要あるを感じたり。

十一時過、六十四聯隊を見舞ふ。菊池聯隊長は行軍不在、四本〔乙熊〕中佐代りて応接。

南西強吹砂塵を挙ぐ。特に中尾高地甚し。

午後、成合〔徳次、北諸県郡〕郡長、佐々木師等来訪。

電気会社の紛争解決法に関し咄あり。意見を求めらる。

夜、広瀬知事〔直幹〕来訪。十一時迄談話。

二月二十五日　金曜

午前九時過の汽車にて出発。

午前、小林に於ける募兵検査を視察。

神田豊氏の午餐の饗を受く。

午後、女子小学に赴き児童に講話を試み、畜産物品評会賞状授与式に臨み談話。

二時過の汽車にて発。京町に下り、神田猛熊氏、田代真幸村長、黒坂氏等の案内にて吉田温泉視察。

夕雪。温泉に至り入浴。夕食の饗を受け、五時前出発。

夜汽車にて帰途に上る。

二月二十六日　土曜

午前八時、唐津着。時間を作る為旧城に上り、九時過募兵検査所に至り視察。

兼子大佐、郡書記の案内にて自働車を駆り、虹松原、西唐津築港情況等を見る。

一時過の列車にて発。同列車中に門司の鈴木製管所長某あり酔余の気焔頗る盛なり。

三時過、佐賀着。自動車の迎を受け県庁に知事〔澤田牛麿〕を訪ひ、次で生駒〔万治、佐賀〕高等学校長を訪ひ、相伴ひて川上、河野御茶屋見物を為す。

本夕、楊柳亭に於ける沢田知事の饗に赴く。

暁来下痢数回。

二月二十七日　日曜
午前八時過、点合町五十番地田中十郎氏宅を訪ふ。

九時半過、生駒氏の来訪を受け、共に県庁の自働車を駆りて小城に赴く。天山閣に於ける募兵検査視察。

弓削小城郡長〔巌、神埼郡長〕の案内にて公園、清水観音等に参り、二時過田代発の急行列車に駆け付けて帰佐。

昨夜宿泊の松本屋旅館は芳女と称する女中頭あり、斡旋最も努めサービス頗る宜し。来十六、七日頃武雄来佐の宿の止宿方を主婦に頼み置けり。

本夜、池月旅館に高山師団長を訪ふ。

二月二十八日　月曜
出勤。佐藤皐蔵中将〔海軍砲術学校長〕来訪。
午後、大谷第三水雷戦隊司令官を平戸に訪ふ。

三　月

三月一日　火曜
午前、桜井〔真清、呉海軍工廠水雷部長〕少将来訪。
午後一時半より日宇墓地に赴き、元第二特務艦隊殉難者紀念碑除幕式の祭典に参会す。

三月二日　水曜
午前十一時、府を発し、恵比寿湾に出動中の第四佐世保丸に搭乗、基本演習を見る。伊集院俊少将統監として同船に在り。
夜十時過、帰邸。

三月三日　木曜
午前六時半発艀、恵比寿湾の第四佐世保丸に搭乗出港、其本演習を見る。

夜十時帰邸。

三月四日　金曜

午前七時出発、第四佐世保丸にて出港、基本演習実視。

午後一時頃帰府。

出動中、山下兼根翁死去の電報に接す。弔電を発す。同時に姉上に打電、香奠五円供へ方を依頼す。

三月五日　土曜

出府。

本夕、広瀬順太郎少将〔予備役〕、有田〔秀通、大佐〕青島防備隊司令（共に弁天丸にて本日青島より着）を晩餐に招く。

三月六日　日曜

午前十時、中学校の卒業式に臨席す。求に依り来賓を代表し祝辞を述べ、神経過敏の成効を期するの途に非る事を告げ置けり。

午後、牧龍太氏、次で藤田〔益三〕造船部長来訪。

夕刻、揮毫を試む。

種子田右八郎氏〔造兵中将、艦政本部第一部長〕、有田正盛氏へ出状。

三月七日　月曜

午前十時より新造来着の特務艦佐多巡視。

午後、天野〔健太郎〕呉市長来訪。

熱海松方侯〔正義、元老〕の病気を電問せるに、午後巌君〔松方巌、第十五銀行頭取〕より

　御見舞拝謝す、幸に経過宜し、御安神願ふ

とあり。

三月八日　火曜

本朝霜柱は深し。春寒料峭の感あり。

内田翁昨日鎮海より帰着せりとて来訪。

姉上へ出状、金五円を返送す。

去五日メリ―鎮海に安着せりと山路氏より来状。

三月九日　水曜

午前六時過の汽車にて発、西戸崎の石炭積場を巡視。

午後、博多の渡辺鉄工所を見る。

本夕、安河内〔麻吉〕知事の晩餐の饗を受く。本田幸介博士も同席。

岩崎福山中学校長松島屋に同宿しあり。

三月十日　木曜

午前七時前起床。

八時過の列車にて発、新原採炭所の検閲に赴く。昨年に比し諸事整頓し、進歩の見るべきものあるを覚ふ。

二時過発、下の関に向ふ。

本夜、山陽ホテルに一泊。

三月十一日　金曜

午前五時過発の列車にて大嶺に赴き炭山検閲。草井川新礦の進歩著きを感ず。

午後一時過発にて出発。予は中村副官を同伴江田島に向ひ、他は佐世保に引返す。

七時半、宮島着。岩崎猛中佐〔海軍兵学校教官〕特に水雷艇を迎へ呉れらる。降雨の暗夜にて進航困難なりしも、熟練なる航海長の案内にて安神せり。而とも三吉沖にて危く座礁膠着せんとせり。十時半、江田島着。

十二時頃迄集会所に於て千坂中将〔智次郎、海軍兵学校長〕と談話。

三月十二日　土曜

七時起床。

八時過、高松宮御殿に御機嫌を奉伺す。小痾に渡らせらるとて拝謁を賜らず。酒肴料二十金を賜はる。感激に堪へず。千坂校長の談に、特別伺候の司令長官以上に賜る例なりと。

校長室に於て博忠王と玖邇〔ママ〕宮若宮との御機嫌を奉伺。

山路一行と面会。

十時二十分辞して出発。小雨。

十一時、呉鎮守府に村上〔格一〕長官を訪ひ、午後工廠に赴き野田〔鶴雄〕造兵大佐の案内にて最近の進歩を見る。帰途村上長官邸を訪ふ。

水交社に於て村上長官の晩餐の饗を受く。食後少く気烟〔焔〕を上げ過ぎたるを愧づ。

三月十三日　日曜

午前八時前発の汽車にて呉発。津留雄三夫婦停車場に見ゆ。水谷大佐の三篠住宅建築地に行くものと同車。

十時過、大竹に着。鮫島宗平氏の出迎を受け、山陽製鉄所を見る。近時優良銑七〇%を得るを聞く。

十二時五十分大竹発。夕、下関着。山陽ホテルに一泊。

三月十四日　月曜

朝食後背広服にて外出。土産買物を為す。

九時半、プラットホームに武雄の東京より来着を待ち、共に門司に渡り佐世保に帰る。

雪天霏々たり。夜に入るも風雨止らず。便所も吹き返す程の猛風なりき。

三月十五日　火曜

午前八時、出府。

朝、川副綱隆氏来訪、市長候補者に元京都市長大野盛郁氏は如何んと咄しおけり。加藤前市長の送別会を開かんと欲したるも、寧日なしとの事にて取止む。

三月十六日　水曜

午前〔マヽ〕。

午後、武雄佐賀に赴く。

本夕は常盤〔盛衛〕参謀淀艦長転任に付、幕僚の催せる水交社の午餐会に出席。

伊集院少将来訪。

三月十七日　木曜

午後一時、教法寺に於ける武内大佐葬儀に会葬。

本夕は内田政彦氏の豚骨汁御馳走に為る。同席者、木村中将、加藤前市長、小林、伊集院両少将、常盤、福原両中佐及日比野市助役也。

三月十八日　金曜

八時半より甲種学生候補者詮考会議。

九時四十分発の加藤前市長を停車場に見送る。

午前、町田駒次郎〔海軍予備役少将〕氏来府。

午後、一般会報。

山本清、有田正盛、生駒万治諸氏に各々出状。

三月十九日　土曜

八時半より判任文官の増俸会議のところ失念。八時五十分漸く之を開く。失体を愧づ。

武雄鼻風邪に苦む旨の来書に驚ける母を慰むる為め、今井〔金三郎、佐鎮病院〕中佐に投薬を乞ひ、駅長に依頼し佐賀に送る。後電話にて訪〔問〕ふに、風邪は軽快せるものゝ如く、又本日の代数、幾何も可なりの出来らしと聞かれたり。

武谷博士より来状。

三月二十日　日曜

本日午前、保立小学校の卒業式に臨席。来賓及父兄に代り一場の挨拶を為す。実卒業証書と二等賞状とを得たり。

三月二十一日　月曜

午前十時半、肥前に乗組む。青島臨時防備隊検閲に出張の為也。当鎮守府募兵管下十二県の官公吏、在郷軍人、新聞記者等二六二名を便乗せしめ、正午解纜、青島に向ふ。

港外に於て駆逐隊、潜水隊並航空機との聯合対抗教練を為し観覧に供す。

三月二十二日　火曜

早朝、済州島を左に航過して航行。少く動揺す。

三月二十三日　水曜

午前七時半、青島外港に投錨す。

午前八時上陸。無線電信所、次で防備隊の検閲を為す。防備隊にて昼食。

午後、由比〔光衛〕司令官を軍司令部に訪問す。秋山〔雅之介〕民政長官も同席しあり。

後由比司令官、民政長官来訪。

本夜、軍司令官の晩餐に赴く。由比、秋山並来青中の湯地福井県知事と卓を囲み談話。十時過に至る。

三月二十四日　木曜

午前十時頃より艦内にアトホームを催ふし、在留官民、英、米、露領事資格者等三百名弱を招き、午餐を共にす。

夕、川畑氏の支那料理の饗を受く。

七時発の汽車にて済南に赴く。林田〔芳太郎〕軍副官、有野〔学〕鉄道事務官等態々接待の為同伴し呉れらる。

三月二十五日　金曜
午前七時、済南着。ステーションホテルに於て朝食の後、森〔安三郎〕総領事の案内にて商埠地、済南医院、広智院、大明湖、骨董店等を見物し、午後三時督軍田中玉を訪ふ。
夕は庚申倶楽部に於ける在留官民の晩餐会に臨む。
夜九時半発の列車にて青島に帰る。

三月二十六日　土曜
午前九時、青島着。
川畑氏邸に立寄り、青島神社、忠魂碑に参拝。軍司令官を訪ひ、昼前帰艦。
午後三時発、佐世保に向ふ。

三月二十七日　日曜
〔記述なし〕

三月二十八日　月曜
正午過、佐世保着の予定の処、順風等の為午前十時投錨、直に帰府。

三月二十九日　火曜
出府。
午前十時過、電話支局新築落成式に臨む。
夜、伊集院氏来訪。
加藤寛治氏に出状。

三月三十日　水曜
午前八時半出発、自働車にて大村行。先づ第四十六聯隊軍旗拝受紀念会に参会。地球儀の上米国の位置に日本を侵さんとする大蛸を置き、日本の位置に立ある一兵が睥睨しつゝある造物あり。下士卒等の頭脳中に昨今浸込つゝある如斯者あるかと感じたり。
大村城趾、竹松村の飛行場買収地等を見、夜七時過帰着。
夜、伊集院俊氏安川父子四人を伴ひ来訪。
今朝、岡野中学校長より電話あり。武雄の佐賀高等学校の結果不良なる旨の通知ありたりと聞き、遺憾に堪へず。

三月三十一日　木曜

午前八時、都城中学生五十余名来邸、一場の講話を為す。

十時、退団式に臨む。

安川氏鎮守府に来る。

実、中学校入学試験に合格の報あり。

博多の用地を軍港内に換へ方の事、針尾無線塔頂に見張場処設置の事を建築部長に案を授く。

本夕、実の成効を祝す心持にて会食の振舞あり。

武雄、今朝東京より帰着す。

四　月

四月一日　金曜
八時半より気象観測所、矢岳浄水池、郭公藪水源、次で弓張無線電信所の検閲。弓張にて昼食。帰途、鵜渡越を経て帰府。
妻児午後水源地桜を探りしに、二、三本開花せるものありたりと云ふ。
本夕、留守中の新聞を読了。

四月二日　土曜
早朝、春日入港。第一特務艦隊司令官吉田〔清風〕少将来訪に付、十一時答訪。同少将より南洋土産としてベッ甲亀寄贈を受く。
本夕、岡野章太（中学校長）、円田俊道（八幡小学校長）、前田松之助（八幡谷女児小学校長）、並野田幸太郎（保立小学校訓導）四氏を晩餐に招き、実入学の謝意を表す。

四月三日　日曜
夜来豪雨と為る。風亦加はる。
終日在宅。
夜、黒木剛一〔中尉、宮崎県出身〕氏来訪、一泊す。
三国名勝図会を内田政彦翁に返納す。
山路氏、渡部氏へ出状。

四月四日　月曜
麗なる春日和。
実の入学式あり。妻実を同伴出願す。岡野校長より、算術応用問題を特に練習すべき旨注意ありたりと云ふ。
姉上へ出状。

実の保証人を野村健氏に依頼す。

〔写真一葉　夏制服姿の海軍軍人七人〕

四月五日　火曜

本夕、吉田少将、又欧米より帰朝の山之内弥次郎氏の為め晩餐会を開き、幕僚等来会。

四月六日　水曜

午前八時半より皆瀬、山の田水源地検閲に出掛く。三時半、帰府。

夕、鍋島精次郎（宮中官僚）氏武雄より来れりとて来訪、宮内省内小原〔駩吉、祖父は大垣藩城代〕男爵が戸田〔氏共、元大垣藩主〕伯をフィガーヘッドとし悪らつに切り廻はす云云の咄あり。

四月七日　木曜

退出後、実、真幸、四郎三人を同伴、山之田水源地に桜を見る。

四月八日　金曜

午後、観艇式に日向に臨む。

周防四時過入港に付往訪。博忠王、朝融王両殿下の御機嫌を伺ふ。乗艦中の第三学年生徒一同に一場の講話を試む。

四月九日　土曜

海兵団の予備練習生の入団式に臨席。

正午過の急行にて佐賀に赴き、生駒高校校長の出迎を受け、先づ高校に至り武雄の入学試験成績などを内聞し、終て蓮池の桜見に行き、松本旅館にて夕食を共にし、六時四十分の汽車にて帰佐。

国語	数学	英語	地、歴	計
113	65	99	57	332
200	200	200	160	760
56.5%	32.5%	48.5%	35.6%	43.7%

採用者成績

最高	理	584
	文	561
		76.8%
最低	理	425
	文	420
		55.3%

四月十日　日曜

好天気。

午前九時頃妻児を伴ひ、先山之田水源地の桜を探り、皆瀬方面を巡り相浦、日野を経て、正午少過帰邸。

四月十一日　月曜

夜来降雨。

本夜、官邸に水交支社評議員会を開き、支社常用玄関新設の事を決定。

四月十二日　火曜

午前、人事部恒例検閲。其間に内田政彦、酒井八十八両氏来訪せりと云ふ。

夕、今井〔誠、八幡小学校教員〕氏来訪。

武雄に兵学校受験の事を尋問するに、黙して答へず。英語、数学教師に就き勉学の事は比較的明答せり。

夜半、東京坂野〔常善、海軍省副官〕氏より来電、十五日迄に入学手続を済さゞれば許されず、直ぐ御出で、と武雄に申来れり。

四月十三日　水曜

午前、港務部の恒例検閲。

急行にて武雄上京。正午過停車場に武雄を追ひ、要談を了す。

四月十四日　木曜

朝、出府。
午前十時半より自働車を駆り相浦に至り、聯合艦隊の来着を視。午食後帰途に就き、鹿子前鴛ヶ浦に水泳場の候補地を探る。

四月十五日　金曜
八時半、藤田大佐以下の勲章授与式。
午前、相原主計長の経費節減に関する意見を聞く。
午後、一般会報。午後一時磐手入港に付、終了に臨み、島崎〔保三、大佐〕同艦長の略報を各官と共に聞く。司令長官の告別辞を常に繰り返し訓誨せり、同乗員一人も欠けず無事帰港、工廠の艤装、人事部の人撰、衣糧科の饂飩器械等に負ふ処多き事、何でも浅間に負けず至る処慥に帝国海軍の名誉を挙げ得たる事等の咄あり。
舟越〔楫四郎〕中将より土産のコーヒー沢山到着す。

四月十六日　土曜
午前六時、富士入港。午前北上（正午横須賀に向け初航に付）。次に磐手を訪ふ。艦長の乞に依り、乗員に一場の挨拶を為す。
霧島の博義王殿下に伺候す。
本夕、来市中の内田正敏男、島崎磐手艦長、富士にて来港の高橋〔武次郎〕大佐、支那留学将校（大学校在学中の）等を招き、晩餐を供す。大佐凌霄、少佐茫々、出色の人物なるが如し。最故参者鄭大佐は見掛倒れの人物なりと云ふ。

四月十七日　日曜
午前九時より高等海員養成所の開設一年紀念式に臨み、一場の挨拶を為す。
正午過の急行にて上京の途に就く。福原副官同行。
下ノ関にて斎藤〔実〕朝鮮総督御夫婦と邂逅、三十分間程山陽ホテルにて歓談。

四月十八日　月曜
昨日来、汽車中僅に清崟太郎〔政友会所属代議士〕氏を除くの外、一の知人にも邂逅せざりしは稀有の現象と感じたり。
夜八時過着京すれば、有田氏出迎ひ呉られ、武雄は昨朝出発帰佐の途に上りしを聞き、奇異の感を起せり。

雨降り中、自働車を駆り水交社に入る。

四月十九日　火曜

午前八時過、今田氏、次で有田氏来訪。次で加藤〔寛治〕中将も来訪、歓談正午に到る。

昨日、木村夫人の父君逝去の事を聞き、福原副官に弔問を依頼し香奠料十円を贈る。

午後、海軍省に出頭、山下〔源太郎〕軍令部長、野間口〔兼雄〕教育本部長、井出〔謙治〕次官に面談。大臣〔加藤友三郎〕は閣議の為不在にて面会を得ず。

午後三時頃より山本家を訪ひ、九時前迄緩話す（要件後に記す）。

〔補遺〕

所謂某重大事件に就ては、昨年十月頃島津公爵家顧問会議の際、玖邇宮妃殿下公爵を訪させられ、保利〔真直、元陸軍軍医監〕眼科医の記述せる（中村〔雄次郎〕宮相の命に依り）色盲の可恐病痾なる事の書面を示され、松方、山本両人の意見を聞きたしとの御咄ありたるに起因すと云ふ。

山本伯は一見して不都合の挙なる事（陛下の上命に由らず宮相が宮方の御身上に関する事に付斯る事を記述せしめたる事、徴兵令に於ても云云の如き事を宮相が立論するの不穏当なる事等、正当の手順に出たるものに非る事）を断じ、公爵に答へられたりと云ふ。

一時は公爵等も変更の已を得ざるに至るものと断念し居られたりと云ふ。

宮家監督栗田直八郎中将来訪（殿下の命を受け）、歎唏したる事、先日丹生〔猛彦〕中佐が佐世保に来り、宮中の噂なりと云ふ皇后陛下が特別に山本伯を御信用あらせられある事、伯の意見を聞き賜はる事云云の事を咄せしに、去る事は何等無し、但し床次〔竹二郎〕が一己の考にて宮相に向ひ働き掛けたる事、又木場貞長博士の山県〔有朋〕公を訪問せるを、皆山本の意を受て茲に至れるものと解釈し居る向ある由なりと大笑、杉浦重剛翁が千早〔正次郎、元海軍大主計〕氏、福永〔吉之助、元海軍主計総監〕氏を経て伯の蹶起を促せる事ありしも断られたる事、犬養〔毅〕氏より会見の申込ありしも断りある事、床次の最近来訪のときの咄に、内閣改造は如何にしても必要なりと認めあり、と。

四月二十日　水曜

午前八時半、大臣官邸を訪ふ。一時間弱談話。談佳境に入るを得ず、九時半迄に久邇宮御邸に出頭の約ありとの事にて辞して帰る。

伊集院元帥未亡人〔伊集院繁子〕を訪ひ、次で青山墓地に英子の墓、次で松方侯夫人〔松方満佐子〕、伊集院元帥の墓に詣づ。

福原副官宅を訪ひ、須田〔利信、元日本郵船副社長〕氏を見舞ふ。鶴田夫人も出京しあり、来廿三日同氏令嬢結婚挙式披露午餐に出席の事を約す。

島津男爵〔久家〕邸を見舞ひ、男爵夫人〔恭子〕に御目に掛る。

龍岡篤敬氏着京（吉雄君病気の為也）。

帰途、東郷元帥を訪ふ。

本夜、山本英輔〔少将、山本権兵衛甥〕氏来訪、緩談十一時迄。

四月二十一日　木曜

朝、鍋島精次郎氏、次で富田愿之助、日比野貞恭氏来訪。

大学校に加藤〔寛治〕校長を訪ふ。

多田静夫君を招き午餐を共にし、曩に武雄指導を忝ふせる礼を述ぶ。

正午過、村上呉長官到着に付、緩談三時過に至る。

四時、鉄道協会に山之内一次〔内務・鉄道官僚、貴院議員〕氏と会合、晩食を共にし、午後九時過迄緩談。

妻へ出状。

四月二十二日　金曜

朝、竹崎一二氏来訪。

午前十一時立出で有田氏を訪ひ、台町〔山本権兵衛邸あり〕に至り昼食の御馳走に為り、井上〔良馨〕元帥、山之内一次氏を訪ふ。不在。伊集院俊氏留守宅に令夫人を訪ふ。

午後三時より大臣官邸に於て四鎮守府司令長官、第一、第二艦隊司令長官を召集、大臣の来十一年度予算を緊縮編成せんと欲する希望陳述あり。諸種の質問応答もあり。十時過散会。山下軍令部長、野間口教育本部長、岡田〔啓介〕艦政本部長、次官等も列席。

十一時、横須賀鎮守府の自働車に便乗し帰宿す。強雨。

四月二十三日　土曜
朝、中村嘉寿氏、加藤寛治氏来訪。
午後一時前水交社を出で、三縁亭に於ける鶴田圭朔氏の令嬢鶴子殿の谷口氏と婚嫁披露宴に列席。上原子爵も出席に付、来賓祝辞を免れ安堵。
山本英輔氏宅を訪ひ、ザイツ双眼鏡を受取り、五時四十分品川より発車。有田正盛、山本清君等見送り呉れらる。竹崎一二氏乗車しあり静岡迄同車、緩談。加藤中将、中村嘉寿氏、木佐木幸輔〔呉鎮機関長〕氏等に紹介の名刺を手交す。

四月二十四日　日曜
夕、山陽ホテルに入り入浴。了て港務部の汽艇にて渡峡、佐世保に向ふ。
朝来の雨漸く濃強と為る。
福原副官の母堂尾之道〔ママ〕より乗車せらる。佐世保に同行。

四月二十五日　月曜
六時前、佐世保着。
午前九時、鎮守府にて四竈〔孝輔、大佐〕侍従武官より陛下の御沙汰を承り、十時海軍大臣代理として長良の進水式に臨む。好天気、頗る暑し。終て現図場に於ける宴席にて挨拶と一場の演説を試む。
山本盛正氏神戸より進水式の為め来佐。本夜官邸に一泊。
午後、佐賀高等学校長生駒万治氏岡野章太氏と同伴、来訪。

四月二十六日　火曜
軍法会議検閲。
午後、一般会報召集。先日東京に於て大臣より訓示の主旨を伝達し、決心を促すところあり。

四月二十七日　水曜
午前、建築部検閲。

四月二十八日　木曜
午前、日宇墓地、尋で買牛稲荷に詣づ。
午後、川添綱〔副〕隆氏来訪。
夕刻、水交社に至り散髪。

四月二十九日　金曜
午前、日宇墓地、次で監獄恒例検閲。
午後、青島臨時防備隊を引揚げ、昨日帰着せる有田大佐の報告を聞く。
夜、都城町役場の土持則可氏へ電報を出す。
本日より工廠長、経理部長上京。

四月三十日　土曜
朝、海兵団に於ける兵曹長、下士官、兵二百余名の退団式に臨席。降雨。
午後、伊集院俊氏来訪。
川井田藤助〔海軍兵学校教授〕、岡野章太、川上親幸〔海軍大佐、予備役〕氏へ各出状。
武雄兵学校試験に欠席の旨採用委員に届出（無拠事故到来の為）。

五　月

五月一日　日曜
朝、海兵団の新兵卒業式に臨む。
午後、水交支社に於ける宮沢琴水氏の御伽歌劇に臨む。頗る面白し。

五月二日　月曜
午後微雨あり。
津留雄三〔中佐、呉海兵団副長〕、宗越人氏に各出状。
夕刻、伊集院俊、中江喜次郎〔熊本陸軍幼年学校長〕両氏玄関迄来訪せりと。
山路氏に出状。
巌崎〔茂四郎〕大佐述、戦争性質論を読む。

五月三日　火曜
午前、消毒所の検閲、航空隊巡視（明後日台湾飛行開始に付）、隧道火薬庫巡視。
午後 The Far Eastern Review の世界帝国の鍵なる頗る無遠慮なる主米排日の議論を読む。
夕刻、興梠新聞記者来訪。
磨心剣　研心剣　戦争者国民能力之大試験也　庄三景

五月四日　水曜
珍しき好天気。
退出後、釜山朝鮮時報記者岩切信武氏来訪、懇請に依り斎藤実男への紹介状を認め渡す。
山本英輔君へ五十金封入書面を認む。籃胎漆器硯箱等と共に小林参謀長に依頼し送らんとす。

五月五日　木曜
四時頃覚醒するに強雨あり。聞合するに、本日の台湾行飛行取止とせりと云ふ。

午前、防備隊に於ける第一期水雷術普通科練習生の卒業式に臨席。一場の訓話を為す。

午後及夜の二回、龍禅子〔僧侶、書家〕の揮毫を見る。

川井田藤助氏に出状。

龍岡篤敬氏より来状。島津男より上原子に祝賀の為、山林一筆贈与の案に付、意見を徴せるなり。

五月六日　金曜
荒天の為、本日も飛行取止め。
木村中将（在東京）より来書、本夜龍禅子の書二枚送り来る。
龍岡家令に答書を出す。其要領
一、上原子が如何に処断すべきや
一、前例ありや
一、宮内省、陸軍省辺りの当局者の内意を聞く必要なきや

五月七日　土曜
天候漸く恢復、午後台湾への飛行決行に付、航空隊に臨み見送る。妻児も同伴。二時半出発、五時十五分無事鹿児島着の報に接す。
山路氏へ木村氏の書面を封入送附す。

五月八日　日曜
好天気。
午後、牧龍太氏来訪。
木村工廠長帰着、夕刻来訪。
夕刻、水交支社に赴き、博義王殿下に拝姿。
野村氏を訪ふ。

五月九日　月曜
好天気。
午後、一昨日長崎より始て来港せる木曽を訪ふ。
本夜、真幸、四郎同伴、野田先生宅を訪ふ。両児算術受業の有様を見る。
川井田藤助氏より来状。
姉上へ出状。
夜、在佐賀松本旅館の今吉〔政吉〕軍医中佐と電話を交換。

五月十日　火曜
午前六、二〇にて武雄佐賀に体格検査の為行く。
八時出勤。
午後、中島権吉〔海軍大学校教官〕中佐の講話あり（独逸の戦敗に付）。
午前、中城湾より基隆に向け飛行の三機、強風の為皆着水（石垣島辺にて）。内、五号一機見当らず。夜、第二十四駆逐隊捜索に従事す。

五月十一日　水曜
午前、衣糧科検閲。
午後、沛然たる強雨到る。
武雄又々明日の受験に気進まずとの事に付、電報にて不参を届出づ。

五月十二日　木曜
午前、経理部の検閲。
夕刻、平瀬〔又雄、佐世保要塞司令官〕陸軍少将を訪ひ、次で小佐世保西の馬車屋古賀某の家に支那小馬を見る（青島より取寄せ依托しあるもの）。

五月十三日　金曜
午前、病院検閲。
二等水兵古賀某馬を曳来り、子供等大喜にて乗廻せり。
午後二、五〇、二飛行機石垣島より基隆迄飛行を遂ぐ。

五月十四日　土曜
病院に於ける普通科看護術練習生の卒業式に参会す。
夕、伊集院俊氏を晩食に招き、後木村中将も来宅。弓削氏を当市長候補者に推挙のことに付相談。

本夜〔ママ〕

五月十五日　日曜
午前九時、山之田陸軍練兵場に於ける第一回佐世保野球大会に臨み始球式を為し、又一場の訓話を試む。
午後、大朝通信者安達氏来訪。揮毫を試む。
土持則可氏に出状。

五月十六日　月曜
朝、木村氏来府。弓削〔巌〕氏の事を川副氏に咄せるに対し、数年小城郡長たりし為、撰挙等に際し一方政党の感情を害し居る等の事なきやを慮るゝのみとの事なりし趣、一寸要点を摘し得たるの感あり。
木村氏より還納の筈の瑞宝章を送り来るに付、予の古品と交換す。

五月十七日　火曜
午前、襟裳の恒例検閲。
夜、伊集院俊氏来訪、明日出発上京の為也。

五月十八日　水曜
朝、古賀某馬具を購求し帰着。乗鞍一式にて六十円。
少雨あり。
午前、佐多検閲。
退出後、水交社に於て散髪。

五月十九日　木曜
朝、驟雨一過。
午前、二号飛行機基隆より宮古迄飛行せるが如し。
夜、冨田愿之介〔愿之助、佐世保市議〕氏来訪、築港補助金、移入税の事、共に八、九分通り成効の見込なる事の咄あり。又市長には宮崎県内務部長和田〔世民〕氏並小城郡長弓削氏を考慮中なる旨の咄あり。二、三日中に日比野助役帰着を待ち決定の考なるが如し。

五月二十日　金曜
晴天。
午後、一般会報。
牧龍太氏の依頼に応じ「前山神社」なる揮毫を為す。
夜、姉上、鶴田圭朔氏に出状。

五月二十一日　土曜

午前十時、由良の起工式に臨み、第一、二鋲を打つ。

午後少雨。

五月二十二日　日曜

終日在宅。

武雄、実、馬と自転車にて日宇方面に行く。

餅原、馬屋建方に手伝ふ。

夜、妻、武雄と弥生座に於ける伊太利人の演劇見に行く。佐世保の興行場に行くは是を初とす。

五月二十三日　月曜

午後、二飛行機中城湾より名瀬迄飛行。

夜に入り村上貞一氏来訪、其希望に由り高山中将、安川清三郎〔安川財閥〕氏、村上大将、千坂中将、中村嘉寿氏等への紹介名刺を手交す。

五月二十四日　火曜

午後、二号、四号両飛行機名瀬より鹿児島へ飛航。

夜、小林参謀長邸を訪ふ。木村中将の進退に付聞込める処なきやを聞糺す為也。

内務省の監察官山県〔治郎〕某来府。

築造中の馬小屋出来上り、馬を入る。

五月二十五日　水曜

午後二時より航空隊に赴き、四時前帰着の二、四号両機を迎ふ。

成田栄信〔政友会所属代議士〕氏に答書。

五月二十六日　木曜

午後、朝日座に於て皇民会の大迫〔尚道〕大将以下の講演ありとの事に付、午後三時前より往聴す。大迫大将の希望に依り、所感を述ぶるところあり。

夜に入り、大迫大将来訪。

今田氏より来状あり。直に答書を出す。

五月二十七日　金曜

昨日来の密雨払暁に至り霽れ、恰好の運動日和と為る。

而かも練兵場雨水の為め運動の順序を午前相撲、午後一般運動に変更す。
八時半、日宇墓地の招魂祭に参拝。
九時、恩賜奨学資金賞授与式を行ひ、桑原新大尉に交付。
正午、海兵団の砲台に於て紀念の祝賀宴に臨み、一場の挨拶を為す。
午後の運動会に真幸、四百米徒歩にて二等賞を得。

五月二十八日　土曜
午前七時五十分早岐発汽車に乗るため、自働車にて発（六時五十五分）。早岐は有名なる茶市にて、頗る雑踏せんとしつゝあり。
十一時半、三菱造船所の一等駆逐艦夕風進水式に臨み、命名。
長崎ホテルに於ける饗宴後、県庁に渡辺〔勝三郎〕知事を訪ひ、午後一時五十五分発汽車にて帰佐。渡辺知事は昨日附にて休職と為れりと云ふ。

五月二十九日　日曜
午後、妻児同伴、山之田練兵場に於ける野球大会争覇戦を見る。

貸借関係記入の為、通帳を泰昌銀行に送る手続を為す。

五月三十日　月曜
午前午後共に工廠恒例検閲。
退府の途、水交社に立寄る。
川井田氏に書面を認む。

五月三十一日　火曜
午前午後共に工廠の検閲。
午後三時五十一分停車場に加藤海軍大臣を迎へ、共に自働車にて水交社に赴く。
本夜、大臣を訪ひ、緩談十一時に至る。元帥推せんの咄抔ありたるも、数回聞くところのものなり。山本伯を推せんの時の事は始て大臣よりは聞く。但し少く加工せる部分ありたるが如し。今度の整理如きは、栃内〔曽次郎〕では駄目、井出が嵌り後加藤ならまだなる、但し加藤

〔補遺、原文の「補遺」欄では「五月一日補記」と記されているが、内容的に五月三十一日のものと思われるのでここに挿入する〕

は中央には行かずと斎藤大将も批評せるを聞く、外国に重要使節などあるときは最適任なり、軍備制限会議でもあるときは島村〔速雄、大将〕に加藤を附け遣る考也との咄あり(島村は自信が強くて困るも)。山本伯は恩人也、斎藤大将の次官として四年勤めたるも、予は別に大将は恩人とは思はず云云の語あり。山本伯に見出され今日あるを致せるを意味するもの也。

六　月

六月一日　水曜

八時過、大臣来府。午前参謀長案内し川谷重油槽、庵埼重油池、針尾無線工事所、航空隊、隧道式火薬庫等を巡視せらる。

予は鎮守府に於て各県理事官、郡市長等と会食挨拶を為し、午後二時過発、防備隊にて大臣を待受け、夫より日宇御前畑新道を回遊し墓地に詣で、四時過水交支社に帰着。

本夜、水交社に於て大臣の招宴。

六月二日　木曜

八時十五分水交支社に赴き、大臣を案内し病院、工廠、港務部、次で海兵団を巡視。十二時少過水交支社に帰着。昼食。

午後一時半より更に出発、山之田水源地、大野川、相之浦方面を廻り鵜渡越を観賞。四時過水交支社に帰着。

本夕、大臣を官邸に招き日本食を饗す。此料理は内田政彦夫人を始とし各夫人の手製に係る。大臣は十二時前辞し帰らる。

微雨時々到る。

六月三日　金曜

大臣六時四十五分日宇停車場に向け水交支社出発に付、赴き見送る。

午後、赤崎炭庫、川谷重油槽検閲。

夜、伊集院俊氏来訪。

六月四日　土曜

本日は大村湾水雷発射場の検閲と思ひ込み出掛けたるに、土曜日故検閲に非ずして、参謀長の基本長等への報告会なりき。
夜来、実下痢。
今朝、予の糞便真黒に付病院に検査を依頼せしに、何等異状なしと云ふ。
有田正盛、中村嘉寿両氏へ出状。

六月五日　日曜
終日少雨。
午後、牧龍太氏来訪中、竹崎一二氏東京より来訪。

六月六日　月曜
八時半より上陸場の出発。針尾無線建設所、次で大村湾片島発射場の検閲に赴く。此頃より霽る。
午後、川棚より汽車にて帰府。
竹崎氏福岡玄洋社の同人谷口〔勇雄、福岡県議〕某同伴来府（軍港観覧帰途）。
武雄を督促し岡野校長を訪はしむ。

六月七日　火曜
午後、鱏ノ鼻発射場、大砲発射場及ガソリン庫等検閲。

六月八日　水曜
午前、労山検閲。

六月九日　木曜
午前、造船部検閲。
午後、需品庫検閲。

六月十日　金曜
夜来強雨に付、本日午前予定の火薬庫方面検閲延期。
夕刻、有田正盛氏来訪。
本夜、副官等来邸、明夜の為め活動写真試写あり。

六月十一日　土曜
午前、艦材囲場、射的場、次で火薬庫検閲。
夕刻より幕僚並各所轄長以上等の夫妻約八十人を招き小宴を催す。
夕刻、武雄、実両人可也劇烈なる兄弟喧嘩を為せるを訴へ来る。

六月十二日　日曜
福佐銀行、新通帳送り来る。
午後、伊集院俊氏有川藤太郎〔三菱造船社員〕氏を同伴来訪。
二時より八幡社後の新築見習職工寄宿舎開きに赴く。
帰途、木村工廠長と同伴、川副氏邸を見舞ふ。冨田愿之助氏も訪ふ。不在なりき。

六月十三日　月曜
朝日検閲。
神湊町長来府、航空隊司令に面会する様勧告。
年金受領。

六月十四日　火曜
夜来豪雨の為、本日の航空隊検閲延引（明日に）。
午後、聯合給炭競技を海兵団に見る。
帰途、水交社に立寄る。
夜、伊集院氏来訪。

六月十五日　水曜
霖雨断続するも、午前航空隊の検閲決行。
高森、三田井間の山路連日の雨の為不良と為り、馬車不通の趣熊本県より来電に付、明日発三田井行を取止む。

六月十六日　木曜
本日霽れ、珍しき好天気と為る。

六月十七日　金曜
午前出勤中嘔吐激甚と為り、昼食を為さず。午後の一般会報にも参列せずして帰邸、臥床。
ヒマシユ油を服用。十数回下痢。夜に入り止む。
平野軍医長、向山〔美弘、佐鎮病院〕軍医少佐の厄介と為る。
降雨強烈。

六月十八日　土曜
出勤せず臥床静養。
朝、粘液少許下痢せしのみにて、便通も無し。
降雨。諸処汽車不通と為る。本日の上方新聞も来らず。

六月十九日　日曜

霽る。

汽車不通との事にて宮崎行を一旦断念せしも、午後女学校の佐世保婦人大会に出席中、汽車通行出来るに至れりとの事に付、老母の事も思ひ更に明朝出発帰県の事に変更。

夕刻、工廠長、参謀長、軍医長等を訪ふ。

婦人会にて講話を為す。

六月二十日　月曜

午前九時過の汽車にて発、鳥栖より急行にて南下。矢部川辺鉄道堤の破損漸く応急修理成りたる而已にて徐行。真幸の下方坂路に十一箇荷車の破壊堆積せるを左窓下に眺めながら徐行。

九時過、都城着。

案外母上も元気の様子にて大に安神す。

六月二十一日　火曜

五時過の汽車にて発、八時前宮崎着。

先県庁に赴き、郡会議事堂に於ける簡閲点呼に臨み、県庁にて昼食。

午後、宮崎中学校を参観、一場の講話を試む。商品陳列館、図書館、次で渡部氏を訪ふ。

五時過の汽車にて帰都。廻〔健介〕都城聯隊区司令官と同車。

六月二十二日　水曜

稍良天気。

午前、龍峯寺墓に参詣。亡姉の墓を改葬。

午後、郡役所の茶業競技会に臨み、一場の講話を為す。

蚕種製造所を見る。

夜、鶴田氏を訪ふ。

六月二十三日　木曜

可也の天気。

七時過の汽車にて発、吉松駅にて福永長之助氏も同車。

飯野にて新に着任途にある新宮崎県知事杉山四五郎氏と交話。

夜九時過、佐世保着。

六月二十四日　金曜
降雨強。
出勤。相原経理部長に野村氏の事を尋問するところあり。
夜、野村氏来訪。

六月二十五日　土曜
降雨。
午前、市役所内徴兵検査を見る。
夜、伊集院氏来訪。

六月二十六日　日曜
降雨断続。
午後、鎮守府内に於て催せる海光会佐世保支部の発会式に臨む。
山路氏に出状。

六月二十七日　月曜
午前、木村工廠長以下の勲章授与式。

六月二十八日　火曜
午前八時より出雲に赴き、本日出発練習艦隊の結合に付別辞を語る。
八時半より第二十四駆逐隊の検閲を為す。

六月二十九日　水曜
午前八時十五分より出発、第二十一潜水隊の検閲、分隊点検等の後、出勤。防火教練、運動、潜航戦闘教練等を見る。
午後、岡田艦政本部長来府。
退出の途、水交社にて散髪。
夕刻、水間春明氏来訪。

六月三十日　木曜
雨天にて本日予定の知床検閲延期す。
夕、岡田艦政本部長と共に木村工廠長邸の晩餐の饗を受く。

七　月

七月一日　金曜

可也の天気。
知床の検閲。
今田氏より来状、武雄の明治大学在学証送り来る。

七月二日　土曜
好天気。高気圧漸次日向洋沖に西進し来り、揚子江方面より東進し来る低気圧を遠く北方へ圧迫し去るの形勢成れるものゝ如く、如何にも出梅の気味あり。
興梠時事通信員来訪。

七月三日　日曜
晴天一碧、殆んど一点の雲なし。
中倉万次郎氏、次で小牧政幹（小牧多一郎氏の息、目下大正保険の福岡市部の職員）来訪。
午後、柴内〔豪吉〕大佐来訪。
夕刻、水源地を至り見る。二、三日の天気の為め、貯水池のオバ―フローは已に末期に近きつゝあるを見る。
齋藤総督に出状、内田政彦氏の事を申越す。

七月四日　月曜
午後、冨田愿之助氏来訪、明日出京の旨咄あり。
午前九時より防備隊に赴き、戦闘敷設装備作業を見る。

七月五日　火曜
午前八時半第一上陸場発、第四佐世保丸にて出動。片島、黒島にての戦闘敷設作業を見る。
午後三時、帰府。

七月六日　水曜
午前十時、海兵団の退団式、予備練習生の卒業式に臨む。
原田〔貞介〕内務技師九州へ出張中の新聞報を見、杉山宮崎県知事に出状。
本夜、学務の事に付姉上へ出状。

七月七日　木曜
須磨の恒例検閲。

七月八日　金曜
沖島恒例検閲。
午後、向山軍医少佐の診断に依り、辰彦ヂプテリヤとの事にて、夜十時頃血精〔清〕注射を為す。

七月九日　土曜

辰彦軽快。

五郎も鼻腔内にヂプテリア菌らしきものを発見、但し已に快復期なるやも知れずとの事にて、暫く注射を見合す。

藤沢税務署に鎌倉地目変換届を書留にて出だす。今田氏に出状。

喜代子の事に付、中木〔博智、佐世保高等〕女学校長妻を来訪。

平山教子女史、都城より水交社に勤務の為来着。

七月十日　日曜

平野軍医長、向山少佐来診（辰彦等を）。

午前、伊集院俊、次で牧龍太氏来訪。

午後、児童等と新水泳場の鶯浦に至り游泳を試む。

加藤寛治中将に出状。

七月十一日　月曜

午前、第廿一駆逐隊検閲。頗る蒸熱。

本日より月水金曜日而已鎮守府にて会食の事とす。

夕刻より軽々なる腹痛を催ふす。且つ下痢。妻も同様。

夜八時より海兵団前庭に於ける大坂毎日新聞社の東宮御外遊活動写真の影写を見る。一場の挨拶を為す（先方の希望もありたりとの事に付）。天気も宜く和気満場、最後の君が代合唱は特に上出来なり。

七月十二日　火曜

好天気。暑気強し。夕立到る。

五郎鼻孔に益々ヂプテリヤ菌増殖、体温再昇るを以て、本日夕刻向山少佐を煩し血清注射を為す。毫も泣かず、気丈さを思はしめたり。

七月十三日　水曜

好天気。稍涼し。

辰彦殆ど全快、五郎尚多小発熱。

袖長風邪発熱、臥床す。

小溝先生へ出状。

退出後、内田政彦氏来訪。

七月十四日　木曜
午後、高山師団長、次で永田〔泰次郎、神戸高等商船学校長〕中将来訪。
本夕、木村氏の夕食に招かる。永田氏も来る。

七月十五日　金曜
本日戦役功賞金としてあ号公債証書五百円券八枚（No. 007554 乃至 007561）、及百円券一枚（No. 029014）と現金十円、並昨年十一月乃至三月一日迄の利札九枚を受領す。
本夕、永田中将、山口〔伝一〕富士艦長、米村〔末喜、海軍大学校教官〕大佐等の為に晩餐。木村、小林、伊集院の各将軍、岡野中学校長も来会。高山第十八師団長は急用出来、帰久すとて辞して来会せず。

七月十六日　土曜
午前、米村大佐の航海に関する講話、ヂュットランド戦に関する考察などは頗る面白し。
加藤中将より来状、軍備制限会議は軍備制限は次の次にして敵本主義なりと云ふ上田〔良武、前アメリカ駐在武官〕大佐の報告ありと云ふも、予は然りとのみに考へず。

七月十七日　日曜
午前、元武富某来訪。
午後、佐保氏来訪。
午後、妻児水泳に赴く。留守中辰彦誤てシロップを飲用。

七月十八日　月曜
夕刻、向山少佐五郎を来診中、辰彦俄然重体に陥り灌腸三回を為し嘔吐連発。終夜安き心も無く、向山少佐、看護兵曹某も宿泊し呉れらる。

七月十九日　火曜
一般会報。
午後、岩切城西、次で中橋某来訪。
辰彦の病気は食物の急激なる中毒作用なりしものゝ如く、漸次恢復。

七月二十日　水曜
暑気強し。蓋し九十度位歟。

午後、佐保畢雄氏来訪、市長候補者は愈箴島桂太郎氏と決定し、同氏は渡辺修氏と他一人に電報にて照会中なりと云ふ。
五郎を入院せしむ。
昨朝肥田愛子殿逝去の電ありたるに付、弔電と香奠金五円を送る。

七月二十一日　木曜
下痢気味にて、便通五回に及ぶ。

七月二十二日　金曜
払暁上厠、起床後又便通あり。朝食後便通を取上げ見るに帯赤色粘液のみなり。依て登府を見合せ、恰も辰彦等来診中の向山軍医少佐に受診するに、赤痢なるべしとの事に付病床に入る。
午後、平野病院長も来診。カストルオイル三十五を服用、能く其目的を達す。
溶菌素を服用。

七月二十三日　土曜
下痢は全く止み、朝夕二回の便通のみなる事平常に異らざるも、粘液の排出稍や多き事と、黴菌の現在するを不良とす。

七月二十四日　日曜
［記述なし］

七月二十五日　月曜
本日より米良監護兵曹と牛島看護、看病の為め来宅し呉る。
本日より座浴を始む。湯温三十七、八度より四十五度に及ぼし、十分間にして止む。

七月二十六日　火曜
［記述なし］

七月二十七日　水曜
［記述なし］

七月二十八日　木曜

本日の排出便より黴菌陰性と為る。

七月二十九日　金曜

平野病院長が東京より送り呉れられたる溶菌素到着に付、本夜服用。

七月三十日　土曜

〔記述なし〕

七月三十一日　日曜

昨日来雨屡到る。昼間頗る蒸熱を覚ふ。

午後、宮尾〔信治、佐鎮病院〕軍医大佐来診、廿八、廿九及卅日の糞便共引続き黴菌なしとの事にて、本夕食より一分粥（所謂御交じり）とクリーム食用を許さる。

午後、高島〔愿、佐鎮〕法務長来訪、霧島登山の快談あり。

八　月

八月一日　月曜

一昨日来の雨天の為歟、今朝は空気頗清涼。

去廿一日以来の日記を補記する事とす。

朝、例の如く向山軍医少佐来診、兎糞状の糞便の外囲に僅に粘液附着し血色を帯ぶるのみ、別に悪き事なしと云ふ。

午後は粘液見へず。

八月二日　火曜

参謀長を招き、聯合艦隊入港に付水交社準備を始め、歓迎の手筈考窮方咄しおく。

八月三日　水曜

午前、妻始め防備隊の水泳場に赴く。

朝の便には辛ふじて粘液の小量を発見し得たりとの向山少佐の咄なり。

渡辺某山下軍令部長の紹介を携へ来れりとて、電話にて会見申込あり。依て副官に依頼して会見、来意を聞く事にす。

八月四日　木曜

昨日迄一週間引続き赤痢菌陰性に付、本日病院の兵曹長以下六名更に来宅、大消毒を為し呉る。

八月五日 金曜

吉松忠敬〔宮崎県会議長〕、宮崎県会議員渡辺与七、猪八重庄平、隈本和平四人、態々外之浦問題にて来訪に付引見す。

八月六日 土曜

本日午前迄にて座浴を取止む。

午後より閑時を得たるの感あり。。

八月七日 日曜

朝、松村豊記、小牧某来訪。

八月八日 月曜

今朝より出勤。

正午前、四郎を病院に同伴入院せしむ。今夜、実進んで四郎の為め病院に宿泊。

今時、残暑頗る強烈。

八月九日 火曜

午前八時半、四郎をして脱腸手術を受けしむ。今吉軍医中佐執刀。夕刻迄疼痛を訴ふ。今夜、妻病院に宿泊す。

暑気酷烈甚し。

八月十日 水曜

四郎は昨夜三十七度に一回達せる而已にて、三十六度代の平熱。昨夕より手術部の疼痛は去りたるも、睾丸肥厚の痛ありと訴ふ。是は手術時の沃度丁幾の為也と云ふ。

今夜、実病院に一泊す。妻を迎へ帰る。九時過也。

午後二時、聯合艦隊（旗艦長門の外）入港。加藤〔友三郎〕大将霧島に便乗来港に付、五時過水交社に訪問。

八月十一日 木曜

午前八時半、加藤大将、鈴木〔貫太郎〕第二艦隊司令長官、其他司令官等来府。

新に着任の要塞司令官堀田〔正一、佐世保要塞、陸軍〕少将も来府。

正午前、水交社に加藤大将に告別。

午前十一時、四郎の縫〔繃〕帯取替あり。かぶれ等も無く、経過極て良好なりと云ふ。

龍岡篤敬氏へ答書を認む。

八月十二日　金曜

本夕、聯合艦隊旗艦長門入港。

八月十三日　土曜

午前、栃内聯合艦隊司令長官来府。

昼前、長門と金剛とに栃内、鈴木の両将を回訪す。

八月十四日　日曜

午前六時、栃内長官、堀田少将等同伴、日宇御前畑の新道路のドライブに赴く。

八月十五日　月曜

四郎手術後の初浴。

午前、新市長箴島桂太郎氏来訪。

本夕、聯合艦隊の各将官、要塞司令官堀田正一少将、箴島市長等を晩餐に招く。

天霽れ月白く、涼気肌に快し。

八月十六日　火曜

北東風強吹、砂塵を挙ぐ。不快極り無し。

長門に於ける栃内長官の午餐に赴く。艦内を一覧。

夕食前、四郎手術後初便通の験にて、病院迄呼出さる。

午後、山田新助氏来訪。

八月十七日　水曜

午前、栃内聯合艦隊司令長官、鈴木第二艦隊司令長官等来訪。

強北東風吹き砂塵を捲き、航空機、潜水艦の演習行動不可能の為、聯合艦隊の出港延引。

夕刻より伊集院俊氏来訪、在京中の色々の咄あり。十時頃辞去。

八月十八日　木曜

土佐沖遥南方の低気圧尚ほ西に徐行して強風吹く。聯合艦隊本日も出港取止め。

午後二時過、四郎退院、帰宅（妻と共に至り迎ふ）。

Vice Marshal of Air Force A. Vyvyan に答書を出す。
井出次官に出状。
午前、箴島市長を訪ふ。

八月十九日　金曜
低気圧中心南西諸島より尚西進し、当地の風力も漸減して聯合艦隊出港。
午前、木村工廠長来府、来月初め将官会議々員に転職の旨、岡田艦政本部長より予報ありたる旨の咄あり。
本夜降雨。

八月二十日　土曜
出府。
夕立あり。

八月二十一日　日曜
終日在宅。
島津忠承公、渡部豊、加藤寛治氏に各出状。

八月二十二日　月曜
出府。
帰邸の途散髪。
帰邸すれば明後日出発を明日に繰上げ度家族一同の望に付、其事に内定す。

八月二十三日　火曜
午前六時二十五分佐世保発、霧島温泉に向ふ。
午後六時十二分牧園着、直に馬車二台を雇ひ登山の途に就く。道路雨悪く、四郎の疵に障あらむ事を虞れ、妻負ひ徒歩せんとするを以て、人を傭ひ負はしめ、後急造担荷〔架〕にて馬車に続行せしむ。実自ら進んで提灯持を為す。意気愛すべし。
十一時過、硫黄谷着。霧島旅館主人等の出迎を受け、加治木の小杉氏の残し造れる二階屋に止宿す。蓋し館主の特別の好意に由るもの也。

八月二十四日　水曜
午前、栄之尾温泉見物。
午後明礬湯に行き、高千穂旅館主高野蒙吉氏の接遇を受く。

八月二十五日　木曜

午前、丸尾の種馬所に親子十人打揃ひ見物に行く。目下所長未着御不在中にて、先任者亀谷勝二氏接待し呉れらる。

帰りには亀谷氏の好意に依り、幌馬車にて楽々と帰硫する事を得たり。

午後、明礬湯上方の禿山見物。

八月二十六日　金曜

午前九時頃より高木恵三郎、西川某同伴、武雄、実、真幸を連れ千里瀧水力発電所工事場に見物に行く。同所と都城間に架設しある電話不通なりし為め、明日霧島神宮迄自働車又は馬車の何れをも招致するの見込なく、終に明日の霧島神宮参詣、都城帰投の順路を取る事を取止む。

八月二十七日　土曜

昨日来天候落気味なるを以て、断然本日午前八時過出発。牧園の種馬所の馬車と普通馬車とを借り牧園に向ふ。種馬所に立寄り、種馬の運動等を見、武雄、実、真幸三人勧に依り乗馬を試み、真幸の騎乗振りは人々の賞讃を得たり。

十二時過、牧園発の汽車にて都城に向ふ。四時頃都城着。直に帰邸。子供一同大喜にて晩餐を為す。

汽車中にて財部の池袋某、南那珂の渡部某等と邂逅す。

八月二十八日　日曜

午前一時頃より辰彦吐瀉を始め、二時頃鶴田医師を招き徹宵心配す。体温三十九度六分に達す。

暁より予、五郎及豊子を除くの外、親子七人皆腹痛又は下痢等多少病状を呈せざるもの無し。蓋し昨日昼食弁当の蒟蒻の中毒なるが如し。就中、辰彦最も重体にして、真幸之に次ぐ。終日苦闘す。

正午過、渡部豊氏夫婦宮崎より来訪、兼て依頼し置ける金子の事を運び呉れらる。

八月二十九日　月曜

真幸は快復に付、本日より粥食。

午後母上（九十二才）を奉じ、武雄、実、四郎及五郎を伴ひ、中尾の十念寺墓地に詣で、実基等以下四柱を明日龍峯寺へ移葬すべきを奉告し、帰途諸麦の黒岩別荘を見物す。

八月三十日　火曜

好天気。

朝、実を同伴、十念寺墓地に至り、計佐助以下をして予が始祖実基、実基妻、実體二女、実體二男次太郎四柱等の墓を発掘して午後龍峯寺墓地に改葬。此移葬、祖母礼牟子より母上が親く聞取り置か〔ママ〕たる祖先よりの遺言なりとの事を記臆し居りたる為め、今回帰省の機に乗じ決行せるなり。

実基等の頭骨は完全に存在しあり、又大腿骨の長き一尺四寸二分にして、偉躯なりしを思はしめたり。

八月三十一日　水曜

好天気。

中村嘉寿氏へ書留にて金壱千五百円並壱千七拾五円に対する小切手を郵送す。

渡部豊氏へ礼状を出す。

午前、土持則可、財部政彦、池袋清次氏等来訪。

辰彦三十六度代に体温下り、本日昼より粥食を始む。

九　月

九月一日　木曜

午前九時、瀬尾神官を頼み龍峯寺の改葬墓前に於て奉告祭施行。九十二才の老母も同伴し参拝す。其亡夫実秋翁墓に対する拝礼の丁重にして誠意の溢るゝ如きを感心せり。

本夕、瀬尾氏、志戸本、鶴田両医師、浜田氏等を招き晩餐を饗す。

夜半二回下痢。

午後、一万城の平田氏別荘に行く。岩切信一、古賀祐(?)助氏の取持を受く。

九月二日　金曜

下男、下婢等腹痛、下痢を起し苦悶す。蓋し昨日出来たるアイスクリームの出来損ひたるを多量に喫食せるが為也。

午後、妻児一同を伴ひ平田氏別荘に赴く。武雄は乗馬、実は自転車なりき。
磐井一等兵曹、虎列刺類似症に罹り死亡せるの電報に接す。後、其帍疫患者に非りし事確証せるの電に接す。

九月三日　土曜
今朝より数回下痢に付休養を為し、来訪の深川東氏等にも面会せず。夕刻亦数回水瀉。
午後七時四十余分発の汽車にて帰佐の途に就く。
久し振にて夕立ありたる為め、汽車中も頗る涼しく一同仕合したり。水間徳太郎同車にて神崎迄来り、便宜を得。
鳥栖駅の野崎氏の代理として片倉組工場の某出迎ひ呉れ、便宜を得たり。
午前八時過、帰着。
山本清、津留雄三、龍岡真人に各出状。

九月四日　日曜
午前八時過、佐世保官邸に帰着。
山本清、龍岡真人、津留雄三に各出状。
福原副官、小林参謀長、木村前工廠長漸次来訪。

九月五日　月曜
出勤。
小栗中将より来書（三十一日附）、英、仏、伊の観察など可也に詳記しあり、興味多し。本夜直に答書を出す。
舟越楫四郎〔横須賀海軍工廠長〕氏に出状。

九月六日　火曜
出勤中、午前十時過腹工合悪く下痢を起せるに付、病院に至りカストル油を貰ひ服用の上帰邸、臥床。
蓋し国許出発前鶴田氏より貰ひ受けたる服薬、阿片類を含有し居り、今日迄圧へ附りありたるもの歟。

九月七日　水曜
在邸、療養。
木村前工廠長、新工廠長河田〔勝治〕少将、事務引続《ママ》を了せりとて両氏来訪、挨拶あり。病を押し出でゝ応接す。

九月八日　木曜
在邸、療養。

九月九日　金曜
午前九時四十分駅発の前工廠長木村中将及其家族を、妻同伴見送る。
出勤。
九月十日　土曜
鎮守府に於て士官の進級会議。午後一時頃迄に終了。
九月十一日　日曜
雨天。
午後、伊集院少将来訪。
夜半迄考課表調製に忙し。
九月十二日　月
雨天。出勤。
九月十三日　火曜
強雨にて第廿九駆逐隊の検閲取止め。
正午過迄にて考課表を凡て済まし、人事部長〔菅沼周次郎、大佐、佐鎮〕に渡す。
腹工合少く異様に付、早引。帰宅すれば向山軍医少佐小供を来診中に付、予の排出便の検視を需むるに、赤痢様との事にてヒマシ油服用を為す。
七、八時頃より屡上厠。頗る苦痛を覚ふ。
九月十四日　水曜
終夜安眠出来ず。昨夕来十数回便通。粘液多し。的切り赤痢症状なりとて検菌するも見へず。

強雨にて本日の比叡検閲取止め。

座浴を為し、午後六神丸五粒を試用す。

平野軍医長、向山少佐来診。

九月十五日　木曜
起床後の便は殆んど凡て粘液。朝食後には便質多く頗る良し。

午前午後二回座浴。

平野軍医長、向山少佐来診。米良兵曹本日より昼間加勢に見ふ。

木村剛十二日の書面落手。

本夜、運転士坂口一等機関兵曹の水間旅館自働車部に雇傭如何の事に付、出状。

本日は朝雨小止にて、第九艦隊の恒例検閲あり。参謀に依頼し、予は行かず。

九月十六日　金曜

今朝の排便には尚ほ多くの帯紅粘液ありとの事にて、比叡検閲に赴くを医禁せられたるを以て、参謀長に代閲せしむ。

午後の便並夜に入りての分は粘液大に減ず。

本夜頗る能く安眠す。

天気快晴、十五夜の月皎々たるを窓外に望む。

向山氏、平野氏来診。

中村嘉寿氏より来状。

九月十七日　土曜

天気快晴。

午後、参謀長来訪。

昨夜の安眠の為、気分も益々宜し。今朝よりパンを食す。美味を覚ふ。腹工合も益宜し。但し午後の排便にも尚ほ多少の粘液ありとて安静を要求せらる。

本夜より硫麻服用を止む。

九月十八日　日曜

好天気にて真幸、四郎は袖長と餅原を同伴、舟越に魚釣に行き夕刻帰宅す。

朝の排便には尚少量の粘液に血線を加へたるものありとの事なりしも、午後のには何物も認めずと平野病院長の言。

午前、野村大佐、次で相原少将来訪。

午後、伊集院少将玄関迄来訪。

九月十九日　月曜

尚医戒に依り本日の第廿九駆逐隊の検閲に臨まず。

今朝の排便には少許の粘液あるも、血液は毫も無之と云ふ。

竹下〔勇、国際連盟海軍代表〕中将より（在巴里）来書、八八艦隊は自衛上必要の主意を以て是非維持の必要ありとの議論見ふ。兼て依頼しおけるザイツ最新の九倍プリズム双眼鏡を、第三艦隊便にて送る旨の事にて、代価百円は鮫島峯子殿へ御渡すべしとの事なり。
在鎮海内田政彦氏より来状、スッポンを送る旨の事あり。
本夜の市役所に於ける市長の披露会には、乍遺憾出席するを得ざりき。

九月二十日　火曜

排便に尚多少の粘液と血液を混ずと云ふ。
本日の日向の検閲に臨まず。

九月二十一日　水曜

朝の便には粘液も無く、午後のみ多少の附着するを見る。
血液は殆んど見へずと云ふ。
午後、判任文官の増俸会議を官邸に開く。
妻児は針尾の潮見に行く。
姉上より来状、水間の方は坂口傭入の事を社長等と相談の結果、断れりと云ふ。

九月二十二日　木曜

在邸。
明日より三日間長崎に於て挙行の競馬に、飼馬月之輪を連れ行きたしとの八谷兵曹等の請を容れ、本日より出張せしむ。

九月二十三日　金曜

朝、日宇墓地に於て挙行の志自岐遭難紀念碑除幕式及例祭に臨む。

九月二十四日　土曜

出府。
港務部前に於て施行、水泳競技に臨む。

九月二十五日　日曜

本日便通無し。朝、向山軍医少佐の来診を需む。
終日在宅、庭内散歩。
昨夜、釜山より岩切信武氏来訪。
午前、宮尾大佐、牧龍太、次で野村健氏来訪。
午後、伊集院少将来訪。
本夜、朝鮮総督府殖産局長の西村保吉氏へ出状。

九月二十六日　月曜

午前、防備隊の検閲。
午後出府。吉田〔清風〕馬公司令官来府。本夜夕食を共にす。
昨朝来服用の硫麻功果顕れ、上厠四回。
月輪は三日共に乙種競争に加り、二等賞を得たりと云ふ。

九月二十七日　火曜
午前、防備隊の向後崎方面検閲、帰途庵崎重油タンク工事を見る。
第四、第五方面に参謀長代閲。

九月二十八日　水曜
黒島方面防備隊恒例検閲。

九月二十九日　木曜
海兵団恒例検閲。
夕、水交社に至り散髪。

九月三十日　金曜
午前、敷島の恒例検閲。
午後、一般会報。

十　月

十月一日　土曜
数日来濃霞あり。日出後の光輝紅を呈す。蓋し満韓地方より紅塵を吹到せるなり。
午後、内田政彦翁来訪。

十月二日　日曜
午前六時廿五分佐世保発、出京の途に上る。
山陽列車中にて南京虫に右後頭部、右手等を噛まる。

十月三日　月曜
午前六時過、神戸着。直に山本盛正氏邸を訪ふ。夫人に面談。
七時半の特急にて発。夕七時過東京着。川〔河〕田工廠長の迎を受け水交社に就宿。神戸より村上大将同車なりき。

十月四日　火曜

午前六時半起床。九時半頃より村上大将と同行、出省。大臣に面話。

天機奉伺、各宮殿下御機嫌伺等を午前中に為す。

午後二時過より山本家を訪ひ、両方様に面会。山路氏も次で来会。

夜八時過帰社。村上氏と海相の代摂問題等を咄合ふところあり。

十月五日　水曜

午前六時半起床。朝村上、山屋〔他人、横鎮〕両長官と緩談。

十時半頃より村上大将と同行、先海軍省に立寄り総理大臣〔原敬〕の午餐会に赴く。左席高橋〔是清〕大蔵大臣、前方大木〔遠吉〕司法大臣にて、両氏の安田善次郎〔安田財閥〕翁に関する逸話頗る面白し。

帰途、海軍省に立寄り、小栗中将より欧州航中の土産咄（主として東宮殿下の御徳行に就て）を聞く。

四時、村上貞一氏来訪。次で樺山愛輔氏も来訪。

本夕、水交社に於ける軍令部長の晩餐に列す。

十月六日　木曜

午前十一時、御座所拝謁、管下状況奏上。午餐を賜はる。

東伏見宮、伏見若宮御臨席。

十月七日　金曜

午前、午後、進級会議。

本夕、東宮御所に於ける殿下の賜餐に参列す。殿下御応接の著明なる御進境を拝し、感激に堪へず。

十月八日　土曜

午前、午後、進級会議。東伏見宮御邸の午餐に参列す。

本夜、樺山愛輔氏晩餐に臨む。床次、松方巌、山之内、大久保利武、伊集院彦吉〔外交官〕、須田利信、田中盛秀〔予備役中将〕、川村純蔵〔川村純義二男、のち大寺純蔵、貴院議員〕氏等来会。

十月九日　日曜

午前、進級会議。正午前全く終了。

正午、中村嘉寿氏、竹崎一二氏来訪。為に弁当不足し、昼食を為さず。

本夕、水交社に於ける大臣の晩餐に参列。

午後一時過より永田町島津公爵邸に山之内一次氏を訪ひ、緩談四時過に到る。

十月十日　月曜

午前、奥吉歯科医に付受療。

伏見宮御邸の午餐に参列。

午後より霽れ、夜に入り月星輝く。

午後三時頃山本邸を訪ひ、次で有田氏を訪ふ。晩食の饗を受く。黒木剛一中尉と武雄も同席。

帰途、山本英輔氏を訪ひ、目黒より電車にて帰る。

十二時過、就寝。

午後、妻に出状。

十月十一日　火曜

朝、木村中将来訪の為、奥吉歯医行取止め。

午前九時より軍令部の小演習審判官打合会に臨む。

成田栄信氏海軍省に来訪。

午後一時、村上貞一氏水交社に来訪。四時過辞去。

今朝、村上、山屋両長官帰任の途に就く。

本夕、竹崎氏の招に依り築地某亭に赴き夕食。山本英輔、石塚某氏も来会。

十月十二日　水曜

海軍省に立寄り、永田町の伊集院家を訪ひ、福原副官宅を経て青山に墓参。

福徳銀行に中村〔嘉寿〕氏を訪ひ、木村剛氏を訪ひ、山之内、井上両邸を経、夕刻野間口氏を訪ひ三光邸に至る。

本夕、中渋谷荒木山の銀月に到り、中村嘉寿氏の饗応を受く。市来乙彦、加藤功氏来会。

十月十三日　木曜

午前七時四十五分新橋発にて横須賀に赴き、陸奥を巡視す。

鎮守府に山屋長官を訪ふ。

帰途、鎌倉の別荘を見舞ふ。

夕刻、奥吉医師に赴き、右上奥歯に金冠を嵌む。

樺山資英〔満鉄理事〕、山之内一次氏に誘はれ、きた乃屋に至り夕食。

鈴木作造に金廿五円を贈る。

十月十四日　金曜

朝、海軍省に小笠原〔長生〕中将と会合。同氏著東郷〔平八郎〕元帥伝に対する所見を語り、東郷元帥邸を経て須田氏を訪ひ昼食の振舞を受く。島津男爵家を訪ひ、次で山本伯邸、有田邸を尋ね、午後四時水交社に帰り多田好夫氏と面語。五時半新橋発の急行にて帰途に上る。山本清、成田栄信、竹崎一二、日比野佐市助役、小林碧〔盈カ〕、有田正盛、武雄等来り送る。

十月十五日　土曜

朝、神戸駅にて山本盛正氏と用談を遂げ、西下。

十月十六日　日曜

早朝、佐世保着。

小林参謀長、平野軍医長、伊集院少将等来訪。

十月十七日　月曜

八幡神社境外に於ける工廠職工共済会員の招魂碑除幕式に参列。次で中学校の運動会に臨む。午後来賓の徒歩提灯競争に参加、三等賞を得。

夕、相原主計長来訪。

十月十八日　火曜

午前、第四十五潜水艦進水式。

午後、一般会報。

十月十九日　水曜

午前、出府。

昼過の急行列車にて出発、下之関に赴き山陽ホテルに一泊。明石港務部長、李家〔隆介、下関〕市長等出迎呉れらる。

町田中佐来訪、佐藤三郎少佐飛行教師英人メヂャー・スミス同伴、来談。

十月二十日　木曜

午前十一時満州に乗艦、一時過出港、油谷湾に向ふ。海波相当に高し。

五時過、長門に乗艦、艦長室に泊。

十月二十一日　金曜
長門に於て青軍の図上演習施行せらる。
十月二十二日　土曜
午前、宮尾軍医大佐、中村副官同伴上陸。楊貴妃の墓と称するものを見、寺院に於て旧記を一覧す。
二十一日の馬関新聞を見る。
今夜より演習部隊逐次出港。
十月二十三日　日曜
午前八時、長門にて出港、演習地隠岐島方面に向ふ。
十月二十四日　月曜
午前四時、第二期演習開始。
午前六時、地蔵鼻附近に於て敵の潜水艦の出没を認めたりと云ふ。
昨日来の風波減殺、好演習日和なり。
長門、伊勢は終日沖合を遊戈、警戒に暮す。
十月二十五日　火曜
午前十時、第二期演習中止に付、島前泊地に向ひ、午後三時頃栃内長官と同行、木路口北角上の第一防備隊の施設を巡視す。正に廿四時間を以て十二珊砲二門、八珊砲六門、九十珊探照灯一、七五珊灯一台の据付了り、使用差支なきに至れりと云ふ。
十月二十六日　水曜
午前八時、第三期演習開始、青軍主力即時抜錨出港す。
風波なく好秋日和なり。島前大泊地北方中島の峻嶺秋色已に深し。
午後二時半頃、第二艦隊の捜索列左端に在る大井赤軍の南西下するを発見せるの報、三時半到着。全軍気色ばむ。
十月二十七日　木曜
正子頃ソファー上に横はり、四時過起出で艦橋に昇り見れば、北上中の長門の右舷前方に灯光隠顕するあり。蓋し彼我艦隊の接触するものあり。
司令部が余りに自己保全の演習観念に捉はれ、為に戦機を逸せるを認め、大正四年秋季の大演習時、第三艦隊を率ひ自ら戦へるときの失策抔を思ひ出し感懐深し。午前七時二十分頃、彼我の対勢佳境に入るに至らずして演習中止と為る。

午後三時半少前、舞鶴軍港に入泊す。戸島水道の航過も些の懸念をも感ずる事なかりき。

十月二十八日　金曜

午前九時より水交社に於て青軍審判資料審査会を開く。中村良三大佐〔海軍大学校教官〕をして会議を進行せしむ。夜二時半に到り結了。聯合艦隊司令長官の稍優柔不断の運動と、第二艦隊長官の不羈放縦の嫌ある運動とは、議論の焦点と為れり。

暁三時半、長門に帰り就寝。

十月二十九日　土曜

午前、満州に山下〔源太郎〕統監を、鹿島に小栗長官を訪ひ、工廠に至り、次で防備隊にて空中、水中の各聴音機を見る。

一時過、工廠より防備隊への途中、旋風砂塵を捲く。

本夕、新舞鶴の寓居に上村夫婦〔従義・なみ（山本権兵衛娘）、男爵、中佐〕を訪ひ、夕食の饗応を受く。山本英輔、百武源吾〔大佐、海軍大学校教官〕氏も来会。

十月三十日　日曜

午前九時過、病院に百武少将を見舞ふ。

午前十一時、海兵団に於て講評あり。

正午、水交社に於て統監の饗宴あり、臨席す。

午後三時五十余分発の汽車にて京都に赴く。

七時過、都ホテルに着。種子島時彦〔海軍造兵大技士〕氏来訪。

十月三十一日　月曜

午前九時過、奥村電気工場主大野盛郁〔元京都市助役〕氏、種島《ママ》氏等の迎を受け、市外西南方に在る奥村新工場を見る。

桂御所を拝見。

亀山公園上の奥村氏別荘にて昼食の饗を受く。

本夜、神戸に赴き八時過山本盛正氏邸に着。

十一月

十一月一日　火曜
朝、有吉忠一〔兵庫県知事〕氏を知事官邸に訪ふ。
八時過の汽車にて大坂に赴き、停車場に安達氏の出迎を受け、大坂朝日新聞社見物に赴く。伊集院少将、中村副官も来会。
西区中寺町円妙寺に赴き、深川上人の昼食の饗を受く。
夕刻帰神。
九時廿二分神戸発、特急車にて西下。

十一月二日　水曜
八代〔六郎〕氏の同乗しあるに会し歓話。
博多駅にて杉山茂丸氏の出迎あるを見る。
四時前、佐世保に帰着。
十一時過、就寝。

十一月三日　木曜
出府。
十一時、就寝。

十一月四日　金曜
暁来少雨。
退出の途、水交社に於て散髪。
午後九時頃、大坂毎日新聞通信員馬場氏より電話あり、本夕七時二十分東京駅前に於て原〔敬〕首相二十才前後の朝鮮人らしき青年より刺され、七時四十分終に薨去すと。

十一月五日　土曜
夜に入り臨時海軍大臣事務管掌〔原敬〕薨去の公報と共に、内田〔康哉〕外務大臣新に事務管掌被仰たりとの報あり。

十一月六日　日曜
午前九時過、妻児八人を伴ひ自働車にて国見山紅葉狩に赴く。柚木村七曲坂より一同徒歩。辰彦も栗木峠迄達す。池辺にて昼食。一狂歌あり。
　男女子等の学の為と紅葉狩り
　　国見之山を踏分けにけり
帰途、未だ栗木峠を下る幾許ならざるに、降雨稍濃密にして妻女困り居りし処に、運転士の下士官合羽、傘等を持参し呉れ大に助かる。

十一月七日　月曜

風雨断続。

午後、伊集院少将来府。

夜、大寺〔量吉〕龍田艦長来訪。

十一月八日　火曜

Stormy weather still prevails.

便道渋滞、出府遅る。

有田〔秀通〕磐手艦長明日出発（艦横須賀へ転籍の準備の為）の暇乞の為来府。軍艦の転籍の近時益頻々たるは、戦闘力保持の為にも、又近時の悪思想防圧の為にも甚だ不得策なるべきを痛感し、意見上申成案方を命ず。

午後、磐手を訪問。

十一月九日　水曜

見島巡視。

十一月十日　木曜

馬公要港部附属の利根、第一遣外艦隊の宇治を見舞ふ。

本夜、谷口〔尚真〕、大角〔岑生〕、山本三少将が来佐中なるを招き、夕食を共にす。山本の咄に、谷口は軍令部次長、大角は軍務局長たるべき歟と云ふ。

十一月十一日　金曜

英国大使館附武官マリオット大佐来訪に付、昼食を共にす。会々来府の伊藤乙次郎中将〔予備役〕も共に。

午後、小銃射撃優勝旗授与式を為す。

病院の研究会に臨席。

十一月十二日　土曜

夕刻、新聞通信員より電話あり、高橋子爵総理大臣、他大臣凡て居据りとの通信に接せりと。

本夕、尾形十郎中佐〔佐鎮参謀〕、山口長南少佐〔佐鎮人事部〕送別のジヤ鍋会に出席す。

十一月十三日　日曜

終日在宅。秋晴好天気。

馬場、中満両新聞記者、米国の華府会議提議なるものゝ電信を齎し来り、質問するところあり。

午後、岡野中学校長来訪。

山本清、多田静夫氏に各々出状。

十一月十四日　日曜

昨日来辰彦、次で五郎不快。

本夜、山路氏へ出状。

大坂朝日新聞記者安達氏来訪。

十一月十五日　火曜

好晴の天気。

十一月十六日　水曜

［記述なし］

十一月十七日　木曜

本夕、水交社嘱托幹事の慰労宴に出席。

十一月十八日　金曜

本夕、水交社に於ける元建築部長神谷邦叔〔淑〕君の送別会に出席。

十一月十九日　土曜

退団式。次で午前病院に於ける看護術練習生の卒業授与式に臨む。

正午過出発の神谷君を停車場に送る。四竈〔孝輔、妻は山下源太郎娘〕大佐に山下大将への伝言を頼む。

夜、水交社に於ける山本信次郎大佐の東宮殿下御外遊講演を聞く。頗る興味深遠。十時頃より官邸に招き尚ほ懇話を聞く。

十二時過、就寝。

十一月二十日　日曜

午前十時より水交社員の留送別射的会に臨席。予は廿八点を得。

帰途、田中丸楼上の双星画会を見る。始めて田中丸の建築も見たるなり。

午後二時前、妻児同伴、山之田練兵場に於ける軽便鉄道会社主催の運動会見に行く。真幸は四百米徒歩に加はり四等賞を得。
三時より水交社の山本大佐の講話を聞く。

十一月二十一日　月曜
夜来の降雨、暁に至り止む。
機関部員、主計部員の聯合競技褒賞授与式。
工廠長来府。縮軍に因し職工間に多少動揺の兆ある事、市中にも幾分其兆ありとの噂ある事等咄あり。又元飛行機工場掛長よりも、白根大尉に関する嫌疑事件に付咄あり。
縮軍に関する中央当局者の決心等を聞き、同時に善後策調査委員編制に関する意見開陳等の為上京を電請せるに、夜に入り認可来る。
山路中将、成合郡長、姉上等に各出状。

十一月二十二日　火曜
〔記述なし〕

十一月二十三日　水曜
午後二時過発、長崎に赴き、赤星〔典太〕知事を官邸に訪ひ、上野屋に斯波〔孝四郎〕三菱造船所長、監督官安住〔省一、機関〕大佐を招き緩話。
十一時過の夜行列車にて上京の途に就く。

十一月二十四日　木曜
午後二時過、広島駅着、村上大将と会合。共に大手町の吉川旅館に赴き夕食を共にし、華府会議に関し緩談。善後策調査委員編制の要書長官限にても配布の件等、両人の名にて中央当局者に申出る事に談合。
午後八時過の汽車にて発。

十一月二十五日　金曜
午前五時半、山本盛正氏神戸駅にて乗車、京都迄同行。
朝食の後分れ、余は特急列車にて出京。
七時過東京駅着、山本清、有田正盛及武雄来り迎ふ。
水交社に山本英輔氏来訪。

十一月二十六日　土曜
午前八時過、井手〔出〕次官を官邸に訪ふ。本日は東宮殿下の摂政奉告祭等の宮中御儀式ある為め、海軍省に人々を見るの見込なきを以て也。

青山墓に詣づ。志摩猛〔予備役少将〕氏を訪ひ、山本家を訪ふ。

三時半過、鉄道協会に山之内一次氏と会談。

島津男爵家に於て都城の主なる人々集り饗宴ありとの事に付、参邸。

十一月二十七日　日曜
朝、銀座に出で、土産物の買整方。

武雄の教導を依頼しある多田氏、隈部氏、野坂氏及有田氏を招き昼食を共にす。

一時頃より井手〔出〕次官来訪、二時間位談話。松方乙彦〔松方正義七男、実業家、日本石油取締役〕氏来訪。

松方乙彦氏を帝国ホテルに訪ひ、花月に夕食を共にし、八時過上原元帥を大森の新邸に訪ふ。一時半頃驚て帰途に就けるも、電車なく引返し同邸に一泊。

三時就寝。

十一月二十八日　月曜
六時過起き出で、急で帰途に就く。

十時頃海軍省に出頭。次官室の会議、陸軍大学校卒業式等の為、望む処の人々に面談を得ず、僅に次官、次長、次で野間口大将に華会議に対する所見を開陳しおけり。我主張容れられざるときは一年延期を申出で、帰朝の決心は如何んとの意見を陳べおけり。

小栗中将、村上貞一氏と応接室にて会談。

斎藤大将、次で山本大将、有田氏を訪ひ、九時三十九分新橋発帰途に上る。後に補記す。

〔補遺、原文の「補遺」欄では「十二月廿八日」と記されているが、内容的に一一月二十八日の記述と思われるのでここに挿入する〕

斎藤大将曰く、加藤全権は余り判きり語り過ぎ居るを以て、果して一年延期論の余地あるやを疑ふ。

山本大将曰く、初頭に一つ引掛け宣言しおけば宜しからんものを。

十一月二十九日　火曜
小栗中将より、航空術統轄に有力者配置の必要あるを、皇太子殿下御外遊始より帰着の節海軍大臣に意見提出しおける旨の咄あり。

午前十時十七分、京都駅着。小栗氏と分れ、直に自働車を駆り内匠寮出張所に至り修学院離宮拝観券を貰ひ、正午少過同離宮着。紅葉は八、九分通り散り去りあるも、自然の幽邃と佳景とは慥に日本一と感じたり。一時間半にて歓覧終る。

京都駅上にて晩餐。四時半発の列車にて神戸に赴き、山本盛正氏を訪ふ。

九時廿二分発特急列車にて西下。山之内一次氏と展望車にて緩談。

十一月三十日 水曜
正子過展望車を去り就寝。上段にて且つ満室満員なるを以て少く困却せり。

二本松附近にて機関車故障ありたりとて下関着二時間余遅着、九州急行車の間に合はざるを以て、山陽ホテルに山之内氏と共に休憩。

島津公夫人渡欧の途、箱根丸より上陸宿泊中なるを御見舞ひす。公爵夫人の午餐席に列す。

本夜、公爵夫人の為に伊地知第十五銀行支店長の催せる春帆楼の晩餐に列す。

十時過、門司発の汽車にて帰府の途に就く。

十二月

十二月一日 木曜
午前五時過、佐世保に帰着。
出勤。
本夕、前経理部長相原主計少将、前日向艦長石川〔秀三郎〕少将以下十二氏（今回勇退すべき人々）を招き、晩餐会を催す。大臣の旨を受けたるなり。本年の人々は昨年に比し遥に感触能きが如し。

十二月二日 金曜
午前、新戦艦陸奥（昨日第一艦隊に編入の）を見舞ふ。一巡視に三時間余を費す。

十二月三日 土曜
海兵団の新兵入団式に臨む。
寒気強し。
夜、伊集院少将来訪。

渡部豊氏銀行辞任の報に接す。一書を認む。

十二月四日　日曜

寒気強し。

中島少佐、昨午後来訪。

牟田〔亀太郎、佐世保海兵団長〕少将、安達氏相次で来訪。

午後、揮毫を試む。夜に入る。

霧島砲科長より加賀艤装員に転補の雨宮〔厚作〕少佐来訪。

十二月五日　月曜

少く下痢気味。

本日は寒気和。

退出後、児女とテニスを試む。

十二月六日　火曜

〔記述なし〕

十二月七日　水曜

市長、中学校長等来府。

十二月八日　木曜

曇天なるも温暖。

夜半迄揮毫を試む。

十二月九日　金曜

好天気。

朝出発の相原主計少将一家を停車場に見送る。妻同伴。

十二月十日　土曜

船橋〔善弥、海軍省〕機関局長来府。

午後、両幼児を伴ひ山之田に競馬を見る。月輪二等賞を得。

平野前軍医長出発に付、停車場に見送る。

本夕、船橋機関局長の為並に新軍医長中川〔平八〕軍医少将、牟田少将（海兵団長）の為に夕食会を催す。

十二月十一日　日曜

午前、安達大朝通信員、午後興梠時事特派員来訪。揮毫を試む。

夜、知床艦長〔高橋武次郎〕触礁情況報告の為来訪。

飼馬月輪、愛馬会競馬に出で二等賞二個を得たりと云ふ。

十二月十二日　月曜

好天気。

夜に入り散髪。

国許、種子田右八郎氏、大寺氏より来書。

大寺大佐に出状。

十二月十三日　火曜

急行列車にて山本清君来着、一泊。

本夕、小林〔研蔵〕少将、柴山〔司馬、佐鎮参謀〕中佐、真野秀種氏等を招き晩餐を共にす。

十二月十四日　水曜。

午後の急行列車にて山本氏出発、上海行。明日門司発の郵船に搭乗の為也。

十二月十五日　木曜

本夜、田中盛秀中将来訪、十二時頃迄緩話。伊集院少将も来会。

十二月十六日　金曜

朝、消化不良の気味にて不気分のところに、真幸狂態を演じ頗る閉口す。

午前十時、海員掖済会高等海員養成所起工式に臨む。

午後、一般会報。

急行車にて島村大将、岡田艦政本部長来着。長崎の進水式に参会の途なり。

四時過島村大将来訪。

夜岡田中将来訪。水陸設備を大規模に為しおく事、工廠第一主義を取るべき事、兵学校生徒採用を一年取止と云ふが如きは不可なる事、是等は諸点意見一致し愉快なりき。

十二月十七日　土曜

朝、島村大将を池月旅館に、岡田中将を水交支社に答訪す。

午前出勤。

数日来胃腸を痛め居りたる結果、本日午前九時過胆石発作様の軽苦痛を来せり。十分位苦む。
午後二時過発、早岐駅に博恭王殿下を奉迎、長崎に御供す（急行車にて）。本夜迎陽亭に泊。井上元帥、村上大将、岡田中将も同宿。
三菱造船所開催の晩餐に列す。

十二月十八日　日曜
午前七時過、起床。
十時半の土佐進水式に海軍大臣事務管理代理として参列。
戦勝閣に於ける午餐に参列す。
午後一時五十分過発の汽車にて、博恭王殿下の御召車に陪乗帰佐。殿下は池月に御一泊。
本夜、村上大将来訪。

十二月十九日　月曜
朝九時前、殿下を池月に御迎申上げ、航空隊、地中火薬庫を御巡視遊ばさる。午後〇時四十分御出発。
午後四時頃より村上大将を日宇方面のドライブに誘引。
本夜、村上大将の為晩餐会を催す。

十二月二十日　火曜
昨日来寒気強し。
本夕、喜代子発熱あり。医師を迎ふるに小困難を見たり。
国許より粗品到着に付、批評を聞く。

十二月二十一日　水曜
曇天。昨夜小雨ありしも、水源に影響微弱也。

十二月二十二日　木曜
寒気強し。
国許より来翰に付、返書を出す。
花壇の草取除方を試む。

十二月二十三日　金曜
寒気強し。
飛行教官英国人二人、大村飛行場実視の為来れりとて、金子〔養三、佐世保航空隊司令〕大佐同伴来府。
武雄に出状。

十二月二十四日　土曜
降霰あり、寒気強し。

実と撃剣を試み、草臥特の外なるを覚ふ。

海軍大尉水野知彦氏来訪（山下大将婿）。

今夜より防備隊司令、軍医長、機関長等休暇にて上京。

島津男爵家（市ヶ谷加賀町）より結構なる歳暮の賜物を接手す。御気の毒の感あり、恐縮也。

年始状三十余通を発送せしむ。

十二月二十五日　日曜
好晴天気。夕、霏様のもの降る。

午後、松原〔雅太、少佐〕参謀、次に福原副官来訪。

東京、大坂の新聞延着に付、夜松木幹一郎〔元逓信官僚、山下合名総理事〕氏の物せる「須く核心に触れよ」なる一小冊子を読み共鳴する点少らず。

島津男爵家に礼状を出す。

十二月二十六日　月曜
終日、馬を移動せしむ。
実の第二学期試験成績を見るに、甲の数増加する事二、三に止らざるも、尚丁、戊の如きものあるを憾む。
都城財部家の氏神祭日。

十二月二十七日　火曜
半晴。
勲章授与式の後、建築部長〔山内弥次郎〕等同伴、山之田水源地を実視す。残留水廿三万屯位なりと云ふ。流入量二千余屯に過ぎず。
常盤大佐、山中柴吉〔中将〕、伊集院少将、川上親幸、神谷邦叔〔淑〕、平野軍医少将に出状。

十二月二十八日　水曜
退出後、子供と共に薪運を試み面白し。
夜、大内〔愛七〕機少将来訪、ゴルフの事を聞く。又、田原〔得三〕造機大佐への伝言を頼む。

十二月二十九日　木曜
本日より出勤せず。
午前、白東〔南カ〕風に中木女学校長を訪ふ。
姉上、昨夜渡部夫婦は都城発、本日別府万屋着の報あり。

武雄明朝帰着の電報あり。

十二月三十日　金曜

未起出中に武雄帰邸。

午前九時四十分発の汽車にて妻、豊子、真幸、四郎、五郎、辰彦同伴、上波佐見村の陶器製造所見に行く。村長、警察署長、県会議員等川棚駅迄出迎ひ、親切に迎接し呉れらる。

帰途、川棚町入口にて自働車故障、四時同所発の列車に後れ、途中迄鎮守府自働車を招き寄せ、夜に入り帰邸。

　上波佐見村長　小川憲治
県会議員　今里友次郎
彼杵警察分署長　岩永四方作
陶磁器製造販売業　一瀬忠一

十二月三十一日　土曜

終日在宅。正午過散髪。

午後、牧龍太氏来訪。

夕食事〔ママ〕児童に左の通リ誓はしむ。

　喜代子、豊子　明元旦より寝床を自ら始末する事

　実　学校に登校前ゲートルは単独にて装着する事

真幸、四郎　怒りに乗じ相手の所有物を破壊、又は投棄する事を止むる事

五郎、辰彦　喧嘩をするとき唾を吹き掛けざる事

〔補遺　日付が判明した分は、その日に移した〕

刀研屋　芝区南佐久間町　石川周八

財部彪近代家系

一代　実基　天保二年辛卯十月廿四日歿
実翁勝義居士
葬　十念寺
大正十年八月三十日改葬　龍峯寺

二代　実體　寛政元年己酉正月元日生
（実基嗣子）　弘化四年丁未五月二日歿
義勝円心居士
葬　龍峯寺

三代　実秋　文政九年丙戌十一月二十一日生
（実體長男）　大正二年一月十二日歿　八八才

龍峯寺
四代　節　安政四年丁巳四月五日生
（実秋長男）　明治二十
五代　三秋　明治十三年七月十七日生
（節長男）　三十年　月　日歿
龍峯寺
六代　彪　慶応三年四月七日生
（実秋二男）

都城宅地調
甲斐元　六一四坪（二八〇〇円）
下屋敷　二反八畝（実際三反一二〇〇）
新馬場　一反弱
北口屋敷　一反弱
西口屋敷
宮崎県北諸県郡都城町大字下長飯　士族　財部彪

〔以下、人名および簡略化した住所〕
国漢文　黒羽英男
英語　隈部富良

静岡市　相原文四郎
品川町　山本英輔
京都　神谷邦叔
鎌倉　山中柴吉
会津高田町　常盤盛衛
牛込市谷　北郷文彦
中渋谷　中村嘉寿
市外池袋町　山本盛重
肝属郡　宮里親成
鎮海日々　内田政彦
鹿児島市薩摩屋旅館別荘　小野　岩
呉市　斎藤　真
牛込区　勝浦鞆雄
福岡市　武谷　広
佐賀高等学校長　生駒万治
佐賀市　田中十郎
安東県　山田製材所　山田新助
大坂　村田　実
大倉組商事佐世保出張所　本田広二
鹿児島　隈崎佐太郎

南高来郡　酒井八十八
東京中渋谷　福田慶子
台地古亭　田代安定
麻布　山田元七
鹿児島市　松田　建
北海道　細川長八
麹町　北郷文政　同　吉雄
鎌倉　古賀七三郎
新舞鶴　上村従義
大分　佐藤吊太
薩摩郡　谷山仁八
鹿児島　宮里親成
鹿児島　折田一郎
福島市　三澤保彦
大分中津　日野　静

大正十一年

一　月

一月一日　日曜

勅題　旭日照波

山をなす浪間くまなく照る日こそ
我大君乃稜威なるらん

今年九十三才になります母上〔とみ〕は都城の本邸に無事超歳、予等親子十人は打揃ひ佐世保の官邸に於て新年を迎ふ。

九時半、鎮守府に出頭。御真影奉拝式。

正午、水交支社に於て社員並偕行社員聯合の新年祝賀会を開く。

長井実中佐〔第二九駆逐隊司令〕来訪。

一月二日　月曜

昨夜面白き夢あり。加藤〔友三郎〕海相予を導き高梯を昇り尽せるに、工夫屋上に働き居れるに付、暫く梯より傍の断崖上に下り、崖上にて談あり。其談話の要は、松方侯〔正義、元老〕の懇誠なる体度を称揚するに在りき。予之に答へ、侯には数多の賢児あり、其献言大に侯の徳を大ならしむるものあるが如し。言了らざるに、海相遽然数仭の下に落下す。予腰辺の長帯を解き、之を下して曳き上を試みんと為せしが、夢醒めたり。

終日在宅。

米山〔順吾〕少佐来訪、明日第廿二潜水隊を率ひて馬公に向け出港せんとするを告ぐ。

夜、親子十人ピアノ室に団欒。使用人五人をも招致し福引、各人一種の芸尽し等を為し打興じ、十時前に至る。

一月三日　火曜　　時霽　寒冷

午前九時半、第二十二潜水隊馬公に向け出発に付、参謀、副官を伴ひ臨隊、一場の送辞を与ふ。

「認識」なる小冊子の総論を読む。

夕刻、野村健氏邸〔佐鎮経理部第一課長、主計大佐〕を訪ふ。

昨夜馬放れ、警察の厄介に為る。

昨日は終に新聞一種も配達に接せず不愉快を覚ふ。本夕二日、三日両日の大坂毎日等を配達し来る。地方人文化の程度低きを見るべし。

一月四日　水曜　晴天

午前九時出府。九時半より勅諭奉読式施行。了て一場の訓示を為す。

夕刻、牧龍太氏〔弁護士〕松尾良吉氏〔佐世保鉄道取締役〕を同伴、来訪。

大学、中庸、論語、孟子の各序文を通読し、始て其由来を知りたるの感あり。

一月五日　木曜

午前、野村健氏来訪。

午後、妻児同伴、鵜戸〔渡〕越に遊ぶ。坂下に達し驟雨至るに付梶山方に休憩。松尾買牛叟《〔松尾良吉カ〕》の建立せる扶老坂石碑を見る。東宮殿下御野立所として設けたる小屋の後方に、聖徳太子御堂の新に建てられたるを見る。高増方に於て休憩。

一月六日　金曜

出府。武谷〔広、九州大学医学〕博士其児童同伴、見学の為来港せるなり。

多田静夫氏に出状、野坂相如〔土木技術者、息子は野坂昭如〕氏に追送する二十二円小為替を封入す。

元旦詠ぜし旭日照波は、左の如くする方了解し易らん歟。

　山をなす波間くまなく照る日社
　　皇御稜威乃すがたなるらん

一月七日　土曜

出府。

午後、妻児同伴、海軍墓地より御前畑方面回遊。

下士官兵家族共励会の裁縫師を招き、引廻し作方を命ず。

　餅
飾餅我家団欒の幸とやせん

新年

新年は芽出度も又長閑也

一月八日　日曜

午前、妻児同伴、鵜渡越の扶老坂に焚げ物檀を構ふ〔琴平青年団の幇助を得て〕。

武雄〔長男〕午後四時発の汽車にて東上。喜代子〔二女〕以下送る。

午後、東郷〔平八郎〕元帥の紹介名刺を携へ、福岡県津屋崎町倉屋敷の安部正弘と云ふ人、日本海々戦紀念碑建設発企に賛成を求る為め来訪。

一月九日　月曜

曇天、後雨降る。

出府。福原〔五郎、中佐〕副官東京より帰着す。

児童の学校本日より開始。

愛媛県内務部長〔川上親俊〕より、大山祇神社宝物保護会に関する書面来着。

一月十日　火曜

午前六時二十五分発汽車にて発、都城に向ふ。

都城駅に着すれば、恰も須田利信氏〔元日本郵船副社長、工学博士〕が帰京の途に就かんとする処にして、車中に挨拶を交す。

今朝四時過、大隈〔重信〕侯薨去の趣聞く。

寿米庵に帰着すれば、今茲九十三才に達せられたる母上は自ら客間に出で来り、浜田姉上、由美姉上並宮崎より帰着せる計以〔渡部けい〕妹等と共に迎へ賜はる。顔容多少老振り加へられざるに非るも、不相替温閑たる風体にて、誰なるや、吾は人を見知らぬ様になったわ抔と戯れながら喜び賜ふ処、何時も変らぬ確さ也と確認するを得て、嬉し事限り無し。

一月十一日　水曜

午前十時東小学校に臨み、嘱に応じ一場の講話を為す。日新公〔島津忠良、島津家中興の祖〕いろは歌の第一句と西郷南洲翁〔西郷隆盛〕の言行一致とに付話す。

午後岩切信一氏、渡部豊氏〔妹けいの夫〕、森氏等同伴、千穂の山林視察に行く。谷合に周囲三尺に及ぶものあり、一体に成長頗る見事なり。

夜に入り帰邸。

夜、吉松忠敬〔宮崎県会議長〕、渡辺甚七両氏〔南那珂郡の人、県会議員〕来訪。

一月十二日　木曜

午前十時町役場に行き、有志者の会合に臨み、道路、交通、衛生等、都城町の施設を要する事が多々あり、人々の皆語る処なるも一向其緒に就かず。町長さへも長々欠員の儘なるは甚遺憾なるに付、各方面の有力者を網羅する委員を編制し、実現を計るの要あるべきを切言しおけり。

午後一時過より渡部氏同伴、龍峯寺に墓参。龍岡資峻翁〔上原勇作の兄〕の墓にも詣で、新に成れる遺徳碑を見たり。

午後、寿米庵自邸に於て先考〔財部実秋〕の十年祭を営み、親族等三十名位打集ひ、晩食を共にせり。

夜に入り揮毫を試む。

一月十三日　金曜

正午過、母姉に暇乞し、稲元氏を案内とし片倉製糸工場の敷地を見、神柱神社に参詣し、九皐殿を見。

一時、中学校に赴き一場の講話を試む。能勢竹二なる一青年を引見す。

一時四十五分都城駅発、鹿児島に向ふ。渡部豊氏、出発時迄何呉と無く周旋し呉れらる。元田〔龍佐、都城〕中学校長、小林迄同車。吉松駅に於て宇土〔兵蔵、佐鎮経理部長〕主計少将、中村〔季雄、大尉〕副官と会合す。

八時前、鹿児島薩摩屋別荘に宿泊す。中川〔望、鹿児島県〕知事、駅に出迎ひ呉れらる。

一月十四日　土曜

午前八時過、駆逐艦樫にて佐多望楼に向て発。十一時過上陸。検閲を了り、一時過再び樫に搭乗、帰鹿児。検閲中降雨可なり強し。

午後四時半着鹿児、帰荘す。

本夜、山之内一次氏〔内務・鉄道官僚、貴族院議員、鹿児島出身〕来訪。

太田秋亭画伯、鹿児島新聞編輯員東秀雄等も夕食前後来訪。

中村副官の外、検閲使附一行は今夜の急行列車にて帰佐。

一月十五日　日曜

午前九時過、中川知事を田之浦の新官邸に訪ふ。夫人も出でゝ会見。恰も河野正久郎、次で河上〔清吉陸軍少将、歩兵第三六〕旅団長も来り、共に交話。

朝食後、胃部に胆石発作の気味ありたるに付、昼食を為さず。

磯島津公邸を見舞ひ、次で浄光明寺に参詣。教育展覧会を見、陳列品の案外豊富なるに驚く。

午後、折田兼至氏邸〔鹿児島農工銀行頭取、元衆院議員〕、永井作次氏〔鹿児島電気社長、宮崎選出衆院議員〕、山之内一次氏邸を見舞ふ。

夕より山之内、黒田勇吉〔退役海軍士官、鹿児島出身〕、次で中川知事来訪。

九時半列車にて発。

一月十六日　月曜

午前八時過、帰邸。

出府。

島津男爵〔久家、都城島津家当主〕丹毒症危険界を脱せられたるの報に接し安堵す。

帰途、水交社に立寄り散髪。

一月十七日　火曜

出府。

一月十八日　水曜

出府。志願兵徴募官に一場の訓示を為す。

夕刻、東京の島津男爵邸より左の来電あり。

衰弱甚く病重し

一月十九日　木曜

雪天。

午前十時、観兵式。

午後、東京島津男爵家より来電。

遂に危篤になられた

とありしが、夜九時前更に来電。

男爵今朝八時卒去

とあり。直に弔電を出し、又龍岡〔篤敬、都城島津家〕家令に出状。墓地は都城龍峯寺を可とせん、後見人設定のときは慎重なる人撰を要す、最近鹿児島にて聞込たる事もあり、と注意を申送れり。

一月二十日　金曜

午前、荒川勇男氏ラミー紡織会社取締として来府に付、橋爪〔捨三郎、鐘淵紡績社員〕氏等に紹介し遣る。

午後、一般会報。

故島津男爵は来廿三日午後五時過東京出発、帰城との来電に付、予は廿四日夜下関に出迎ひ出る旨送電せるに、挨拶の返電あり。且葬儀は廿七日正午の予定との返電あり。

昨日来の雪天続く。

一月二十一日　土曜

〔記述なし〕

一月二十二日　日曜

午前、内田政彦氏〔元佐世保市長、鹿児島出身〕、午後伊集院俊〔少将、佐世保防備隊司令〕、塩谷〔悦次郎〕監獄長等来訪。揮毫を試む。

夜、岡野〔章太、佐世保〕中学校長の来邸を乞ひ、相談するところあり（児童学校問題に付）。

二、三、四男の三人未明出発、長崎見物に行く。深川静氏〔三菱長崎造船所社員〕態々案内し呉れたりと云ふ。

一月二十三日　月曜

朝、市役所の募兵検査を視る。

雪降り、寒気強し。

一月二十四日　火曜

正午過の急行列車にて出発、下之関に向ふ。

九時過着。下り急行車にて着の男爵島津久家殿の遺骨を迎へ、直に門司に渡る。男爵未亡人〔恭子〕、同嗣子〔久厚〕、龍岡家令、斎藤重高氏〔島津家相談役〕等随行し来る。

門司駅楼上に休憩の後、十時過発鹿児島行の急行車にて出発せらるゝを送り、予は続発の長崎行列車にて佐世保に帰る。

井出〔謙治、海軍〕次官、腹痛稍危険状態（一昨夜来）にありとの電に接す。

一月二十五日　水曜
午前六時過、帰邸。

実〔二男〕の武蔵高等学校入学願、真幸〔三男〕、四郎〔四男〕、五郎〔五男〕の慶応幼稚舎入学願等を調製す。

九時十五分鎮守府発、郭公藪水源地、次で弓張無線電信所の検閲を為す。帰途、病院敷地拡張の所を実地踏査す。

鎮守府より帰途、野村氏を訪ふ。

一月二十六日　木曜
出府。

午後、第一上陸場に於ける麾下各部隊の防火隊の教練に臨む。

午後五時五十分発列車にて都城に向ふ。

九時過、鳥栖に着。野崎〔熊次郎、片倉製糸鳥栖製糸所長〕氏邸に入り御馳走に為り、十二時過の汽車にて都城に向ふ。

一月二十七日　金曜
七時過、吉松着。

河辺に至り用便を了り、八時過の列車にて都城に向ふ。

島津壮之輔《〔荘之助カ〕》〔重富島津男爵家〕、島津忠夫男爵〔島津久光公爵家分家〕等同車内にあるが如し。

十時過都城着、先自邸に入り礼装を為し、十二時過島津家に馳付く。

一時出棺。随行して龍峯寺に至り、夜に入り埋葬了り帰邸。

夜、芳井崎を訪ふ。

一月二十八日　土曜
午前七時過起床。晴天、暖気。

九時過、河上旅団長、島津公爵家扶の山口平吉君来訪。

浜田家〔三平〕、水元旅館に山口平吉氏を、福永旅館に河上清吉少将を答訪。岩切氏を訪ふ。不在。

昼前、芳井崎に見舞ひ一、二注意を加ふ。姫城山、甲斐家を経て帰邸。

午後、先島津家の墓に詣で花、柩等の注意を掛の人々に与へ、祖先以来の墓に詣づ。中尾の墓跡も見舞ふ。

蓑原、谷頭等の山林を見廻る。

一月二十九日　日曜

午前十時出発、腕車にて田部山林見廻に出掛く。竹一之助袖助同行。田部にて清之進案内と為り踏査の後、六ヶ城を超へて正応寺谷を超へ高松氏を訪ひ、其長男を一行に加へ、湯谷の谷山林を視る。谷の中にある母上等の最初植へられたりと云ふ巨杉は、予の一抱を余す事一尺位ありき。

夜に入り帰邸。堤可広氏〔島津家相談役、後に家令〕を招き、島津家葬儀の跡始末に付相談する処あり。

一月三十日　月曜

家令龍岡篤敬、相談人斎藤重高、同堤可広、士持綱晟諸氏と島津邸に会合。相談要領

一、葬儀委員へ挨拶

二、香奠返し其他御礼の振合如何にするか

　公益の為に寄附は如何（特別のものゝ外）

三、後見人を置かるゝや否や

四、久厚殿の養育方針

五、卒去前後並葬儀に関する記録を造る事

右は予の発言なりしが、斎藤氏は此外に男爵未亡人御出発御延期の事を発議せり。

午後在宅。揮毫等を試む。

一月三十一日　火曜

昨夜結霜激烈なりしも、本日は晴朗温暖。

午前在邸。書函、文書等取出し調査、又揮毫、来客に接す。

一時半出発の飫肥行自働車にて、千穂山林視察に赴く筈のところ、自働車の帰着後れたるに付、予は之を取止めたり。竹一之介氏は多分〔山下〕甚右エ門か、高松氏の案内を受け視察したらんと察す。

午前、龍岡篤敬、財部泉、神田猛熊氏、夜郡長代理として郡書記斎藤誠助氏来訪。

十二時着の汽車にて渡部豊氏宮崎より来訪。

二　月

二月一日　水曜

柳外一軒の写真屋来り、写真責に遭ふ。

午後二時より島津男爵邸に於ける葬儀委員慰労会へ出席。

委員長として一場の挨拶を為す。
夜八時前、中村副官佐世保より来着、二、三日前の寒気に佐世保川（官舎下）氷結せる咄あり。
本夜、書函等の片附方を為す。

二月二日　木曜
午前十時過発列車にて延岡に向ふ。
十二時、宮崎に下車、杉山〔四五郎〕知事、前田〔兼宝〕内務部長と県庁に於て緩談。
渡部氏を訪ふ。
三時過、女学校に臨み一場の講話を為す。
四時過、更に乗車、九時前延岡着。吉野屋旅館に投ず。
妻と都城の姉に出状。

二月三日　金曜
午前九時過、図書館に於ける募兵検査視察。
午前、女学校にて講話を試み、午後図書館に於て、次で中学校に於て講話。
本夜、喜寿亭に於ける地方有志者の饗宴に臨む。

二月四日　土曜
午前八時、自働車にて出発、三田井に向ふ。道路五ヶ瀬川に沿ひ迂回すれども、勾配、カーブ共に不良ならず。特に、路面斉正にして乗心地能し。特に又山水の奇抜秀麗なる遥に耶馬渓を凌ぎ、心気の快言ふべからず。唯北風稍強く、寒気次第に肌を刺す。諸処に在郷軍人等の整列、喇叭を吹て迎ふるものあり。西臼杵郡長〔桑原節次〕、有志者等、亦途中数里外迄出迎ふ。後に記す。
〔補遺、日付はないが、この二月四日と思われる〕
正午前、三田井、則高千穂村に到着、新松屋に投宿。
午後一時、小学校に於て有志者、青年団員等に一場の講話を試み、後天岩門〔戸〕、窓之瀬、神橋、七ッ池等の勝を探る。
夜、倶楽部に於ける有志者の歓迎宴に臨む。

二月五日　日曜
本日は風凪で案外温暖。
午前九時より郡会議事堂に募兵検査を視察し、九時半自働車にて出発、延岡に向ふ。
十二時十五分延岡着、吉野屋に於て昼食。

一時半出発。大山〔綱治、東臼杵〕郡長、志賀三等薬剤正、富高迄見送り呉れらる。

三時過発。五時過宮崎着。杉山知事の迎を受く。神田橋旅館に於て夕食の饗を受く。

九時発、十一時半都城へ帰着。

延岡よりの書面中に記せる日を、五日を六日と誤りたる為め少く困却。

二月六日　月曜
午前、島津男爵邸、町役場を訪ふ。

午後、成合〔徳次、北諸県郡〕郡長、岩切信一、池袋清次〔宮崎県会議員〕氏等来訪。永井実孝氏も浜田助次の事に付来訪。

夕刻、中村副官、渡部豊氏同伴、龍峯寺に墓参。

帰途、浜田助次を訪ふ。

二月七日　火曜
午前十時五十五分都城駅発、夜半佐世保に帰着。真幸耳痛の外、一同健全。
本日、能勢菊とゝふ少女を都城より同伴し帰る（女中）。

二月八日　水曜
午前、経理部検閲。
夜、一木喜徳郎氏〔枢密顧問官、武蔵高等学校長〕と武雄とに向ひ出状。

二月九日　木曜
好天気、温暖。

山県公〔有朋、元老〕の国葬にて分時砲施行。

午前、衣糧科検閲。

午後一時過、鈴木〔貫太郎中将〕第三艦隊司令長官来訪に付、午後三時答訪。

帰途、青島に便乗臥床中の中村正奇少将〔将官会議員〕を見舞ひ、嘗て強壮を以て誇とせる大男身動も不自由たる有様を見、同情に堪へず。

本夜、福原鐐次郎君〔鐐二郎カ、元文部官僚、貴院議員〕に出状。

二月十日　金曜　　晴天
建築部検閲。

晴天、室内温度五十度。

退出の途、水交社に立寄り散髪。

二月十一日　土曜
午前九時半より出府。聖影拝賀式。
正午、水交支社に於て祝宴。鈴木第三艦隊司令長官以下も出席にて賑ふ。

二月十二日　日曜
午前九時過より港務部沖に於て施行の端舟競漕に臨む。薩摩優勝。

午後一時半より大内〔愛七、佐世保工廠造機部長〕機少将の指導を受け、練兵場に於てゴルフを試む。

二時過より鈴木長官及其幕僚を同伴、海軍墓地より御前畑道路のドライブを試み、後鵜渡越より山腹散歩。

夜、野村翁来訪、島津男葬儀の実況を話す。

二月十三日　月曜
朝、勲章授与式。
実、明日急行にて出京の件同意を与ふ。
退出後、ゴルフ稽古。
夜に入り田中耕太郎少将〔軍令部第三班長〕来訪。

二月十四日　火曜
午前、望楼監督官、測候所、文庫検閲。

午後、海兵団の柔道紅白勝負を見、帰途水交支社に松下〔東治郎、海軍少将〕侍従武官を見舞ふ。

成合〔西臼杵〕郡長、大山〔東臼杵〕郡長、元田〔都城中学〕校長に出状。

福原鐐次郎氏より返書来る。

二月十五日　水曜
午前十時半、由良進水式に海軍大臣事務管理代理として参列。雨天。
午後二時過の汽車にて長崎に赴き、上野屋旅館に投宿。
夜十二時過迄揮毫。婢ノブ女、春女等頗る心切に取扱ひ呉るゝ。

二月十六日　木曜
午前九時、赤星〔典太、長崎県〕知事を県庁に訪ひ、高島秋帆〔幕末の砲術家〕の別荘跡（辰巳）及シーボルト〔幕末のオランダ商館医師〕の宅跡を見舞ふ。

午前十一時、高橋〔是清、首相〕海軍大臣事務管理代理として、軍艦名取の進水式に臨む。

長崎ホテルに於ける饗宴の後、戸町の海軍用地迄ドライブを試み、一時三十五分発にて帰佐。

今朝八時過防備隊にボヤありとて伊集院司令来訪、報告あり。

二月十七日　金曜
少雨。

午後、一般会報。

夜、山路一善氏〔鎮海要港部司令官、中将〕に出状。

妻本夜より八幡神社に参詣。苦き時の神頼なる諺もあれども、為すは為さゞるに優ると云ふべき歟。

二月十八日　土曜
内務省技師鈴木鉎〔雅〕次（港湾調査会幹事）の九州巡廻中なるの新聞報を見、成合郡長に出状。
山屋他人大将〔横鎮長官〕に出状（中村少将便乗の青島の事に関し）。
篠崎某、三光邸より移転の事を聞くに付、電話移し方の事を今田〔三郎〕氏に依頼す。

二月十九日　日曜
風邪の気味にて八時過起床。
午後一時より野村主計大佐同伴、三州人会に臨む。乞に依り一場の咄を為す。
帰途、牧龍太氏等と橋本喜蔵氏邸〔喜造、佐世保商業銀行頭取、衆院議員〕を見物す。
午後、妻より来電に曰く、
　試験宜し、明日特急にて立つ
意気嬉し。
今田氏に出状、三光邸電話移設の事を依頼す。

二月二十日　月曜
本日より工廠の検閲を始む。午後に及ぶ。
名和氏〔又八郎大将、軍事参議官〕より来状に付、直に返書を出す。
本夕、鶴田圭朔氏〔都城医師〕に出状。

二月二十一日　火曜

午前午後共に工廠検閲。

午後四時、実東京より帰着。元気也。

ゴルフを試む。

姉より来状、返書を出す。

二月二十二日　水曜

強雨に付、工廠の恒例検閲順延。

夜、揮毫を試む。

本日湯なし。是より隔日とす。

二月二十三日　木曜

午前需品庫、午後造船部検閲。

退出前、病院に至り宮尾〔信治、佐鎮病院、軍医〕大佐より痔出血を受診。座薬療法を始む。

五郎発熱。

二月二十四日　金曜

午前赤崎炭庫、川谷重油タンク方面検閲。暖気倦怠を起さしむ。

正午少前より荒天と為る。

帰途、水交社に入浴。

二月二十五日　土曜

午前、艦材囲場、射的場、干尽石炭庫検閲。

午後、好天気と為る。

本夕、鈴木第三艦隊司令長官、高山〔公通、陸軍中将、鹿児島出身〕第十八師団長等を晩餐に招く。咄頗る興あり。

二月二十六日　日曜

雨天。終日在宅。

痔出血尚已まず。

高増氏妻女来訪に付、昨日出来たる秋亭の掛軸を贈る。

ハーゼ少佐のスカーゲラック海戦記〔Skagerrak、一九一六年五月ユトランド沖海戦のこと〕を興味を以て読み了る。其附録英海軍大臣（当時）チャーチル〔Churchill, Winston〕の論文、亦最も面白し。

二月二十七日　月曜

時々驟雨的降雨。

午前、大砲、水雷発射場、飛行隊倉庫、庵崎等の恒例検閲。

退出の途、水交社に於て散髪、入浴。

二月二十八日　火曜

好天気と為る。

午前、火薬庫検閲。

夕刻、試に便器に放便するに出血四乃至五瓦に達するを見、向山〔美弘、佐鎮病院、軍医〕少佐明日外科的診察の必要あるを切言せり。

昨日来、武蔵高等学校の試験結果の報を待侘び、午前妻等は終に電問を武雄に発せりと云ふ。

夜十二、三人の女学生集り来、八ケ間敷事夥し。

三　月

三月一日　水曜

船越〔楫四郎中将〕横須賀工廠長、常松〔憲三大佐、海軍省〕人事局第二課長、午前に相次で来府。

鈴木内務技師来訪（港湾調査の途次）。

午後、病院に赴き痔を受診。僅に炎傷の外太したる事なしと云ふ。コカイン、タンニー酸座薬を夜間のみ使用の事と為る。

夕、安芸の鈴木長官の晩餐に赴く。

岡田〔啓介、海軍〕次官代理に出状。

三月二日　木曜

本日より熊本県下募兵検査視察に赴く筈の処、明日出雲（玖〔久〕邇宮若宮殿下御不例にて）入港の筈に付取止む。

午後四時、木村〔英俊、久邇〕宮家事務官、吉本〔清太郎、医学〕博士同伴、来府。病室を共に検ず。

武雄より来状、実の武蔵高等学校不採用の報なり。

三月三日　金曜

昨一日好天気にて、本日は亦終日雨。

鈴木〔裕三軍医中将、海軍省〕医務局長、大臣の命を啣み来府。

出雲は夜に入り着。港外に仮泊。

午前、加藤寛治中将〔ワシントン会議主席随員〕に出状。

三月四日　土曜

午前七時、出雲港外より入港。

久邇宮朝融王殿下午前十時御入院。盲腸周囲炎と決定。

但し、已に御恢復に近し。

午前十時半、斎藤〔半六〕中将（練習艦隊司令官）来訪に付、十一時半答訪。

午後、病院の殿下を御見舞す。

夕刻、平山氏両人来訪。本夜野村健氏を招き、相談するところあり。

三月五日　日曜

午前ゴルフの誘引を受けしも、辞して静養。

今朝始て便通時少しも出血を見ず。

午後、病院を見舞ひ、山路候補生〔一行、山本権兵衛孫〕を見る。

松井喜三郎氏より来状に付、直に武雄に出状。

梶山某馬代として百弐拾円を持参に付受領（此馬は昨春青島より購入し来れるものなり）。

三月六日　月曜

午前、沖島と水雷艇四隻の巡視的恒例検閲を為す。雨天。

午後一時より中学校の卒業式に参会。求に由り、卒業生に、取越苦労を為さず、順に立派に棟梁の材たるを期して努力せん事を望みおけり。

医務局長、吉本博士本日退佐。

山之内〔山内〕四郎少将〔艦政本部第六部長〕、金田〔秀太郎、艦政本部第一部長〕少将来府。

小林碧〔盈ヵ、東京府立第三高等女学校長〕氏に保証人書面を其儘送り返す。

三月七日　火曜

午後、一般会報。

植村〔信男大佐〕出雲艦長出席に付、先に世界一週航中の実験談を聞く。

延岡在郷軍人会分会長等来訪。

午後四時過、山路一善氏鎮海より来邸。

三月八日　水曜

朝、出府。

午前十時より針尾無線電信所巡視、大村湾発射場検閲、竹松村航空場巡視に赴き、自働車にて帰佐。

武雄より来書、十五日出発新潟に行き、同地高校受験の旨通知あり。直に返書を出す。

赤星典太氏より〔東京府立〕第三高女の事に付来書、直に返書を出す。

岡田啓介氏より来書。

三月九日　木曜
午前五時前起床。
六時半出発、駆逐艦樫にて港外寺島水道南方泊の安芸に到り乗艦、出港。十二時十五分より各大口径砲三十五発宛の長時間連続射撃を行ふ。二時十分結了。始は斉射間隔二十五秒、後は一分に至る事あり。兎に角太したる故障なく皆打ち悉したるは、意外の好結果と感じたり。
七時半頃帰邸。

三月十日　金曜
朝、東京砲兵工廠提理松浦〔善助、陸軍〕中将来邸。

午前、判任文官増俸会議。

松村菊勇少将〔教育本部第一部長〕来府。伊集院少将も昨日大島旅行より帰着せりとて来府。

夜、加藤友三郎大将の本日帰朝の新聞を読み、賀状を出し近状を報ず。

三月十一日　土曜
川畑竹馬氏〔原田汽船青島支店長〕来佐に付、夕同氏及伊集院氏と夕食を共にし緩談。

三月十二日　日曜
午前、大内機少将、野村主大佐等とゴルフを試む。
夕刻、池月に川畑氏を訪ひ、毛氈代七十余円と帯地代八十円とを手交す。

三月十三日　月曜
本日の第三艦隊射撃雨天取止に付、視察も従て取止む。
山路氏は午後の急行列車にて帰鎮〔鎮海〕の途に就く。

三月十四日　火曜

午前出府。齋藤司令官来訪。

午後〇時四十分発の汽車にて、中村副官同伴鎮海湾に向ふ。

午後十時、下関発新羅丸にて釜山に向ふ。海波稍荒し。

三月十五日　水曜

午前九時前釜山着。本田〔常吉〕府尹等の出迎を受く。府理事官〔寺島利久ヵ〕、憲兵分隊長〔吉岳新治〕の案内に依り、自働車にて府内主なるところを巡覧。大正五年来りしときより、長足の進歩発展を為せるを認む。

鎮海要港部より差廻しの駆逐艦杉に便乗、正午過出発。二時過、県洞上陸場に上陸。曽田〔孝一郎陸軍少将、鎮海湾〕要塞司令官、島崎〔保三大佐、鎮海要港部〕参謀長、面有志者等の出迎を受く。要港部に山路司令官を訪ひ、後山路司令官々邸に泊。本夜司令官の晩餐会あり。所轄長等参会。

水交支社、海友社等を見る。

三月十六日　木曜

午前、修理工場、需品庫、知港事、無線電信所、防備隊、病室等を巡視。

午後、山路氏の案内にて、卯島、董島方面に鴨、鴛鴦打に出掛く。予は鴨、鴛鴦各一を獲。午後少雨。総獲物数六羽。

三月十七日　金曜

午前、鉄道隧道工事を見、山嶺に昇り、帰途小学校に立寄り一場の談話を試む。

午後一時過、県洞上陸場より汽艇にて出発。島崎参謀長馬山迄見送り呉れらる。

馬山府庁、重砲大隊、旧馬山等を巡り、三時五十分発の汽車にて釜山に向ふ。七時頃釜山着。九時、新羅丸にて出発。

三月十八日　土曜

午前七時少過、下関着岸。

山陽ホテルに入り朝食。伊地知〔正一〕第十五銀行支店長来訪。

港務部の汽艇の出迎を受け、十時半門司に渡り、十時五十分の急行にて佐世保に帰る。四時帰着。

官邸内引越し片附方の余り進捗し過ぎたるに一驚を吃す。

三月十九日　日曜

暁より大雷雨にて、登山競技取止め。

午前九時過の列車にて福岡に赴く。

午後三時五十五分御着の皇后陛下を奉迎し、次で黒田〔長成、貴院副議長〕侯爵邸なる御旅館に御機嫌を奉伺し、五時発の汽車にて佐世保に帰投す。博多駅にて小平〔保蔵、門司〕鉄道局長と会見、佐世保線に寝台車直通の事を依頼す。

本日武雄より来電、大元気にて相当出来た旨の報あり。

三月二十日　月曜

朝、勲章授与式の後、女学校の卒業式に臨み一場の談話を為す。喜代子、十三名の学術優秀、操行優良賞状受領者中の第七位なりしは本懐の至なりき。

午後、甲種学生候補者撰定会議。

〔佐世保〕市助役日比野貞恭氏、夜に入り来訪、市長の横暴に堪らず辞表提出中なる旨の咄あり。

三月二十一日　火曜

午後一時、司令長官の名を以て官邸に茶話会を開き、在港上長官以上家族共に招待。来会数四百人位。市の重立者も来る。一昨日来の狂天気、風も漸く凪ぎ桜も二、三分咲出し、先づ成効と認めたり。

〔山路〕一行昨日退院せりとて来訪。夜八雲へ帰艦。

三月二十二日　水曜

出府。

夕六時半より第三区に出張。肥前に搭じ、其本演習を見。

十一時過帰邸。

三月二十三日　木曜

午前八時半より第四佐世保丸に乗じ港外に出でたるに、風波俄に高く、其本演習実施出来ず。午後帰府す。

三月二十四日　金曜

出府。

夕、第三戦隊入港。

三月二十五日　土曜

朝、百武〔三郎中将〕第三戦隊司令官来訪、基本演習講評に臨席。

午後〇・四〇分、汽車にて親子八人（武雄、実両人は東京に先着し在り）発、出京の途に上る。部内、部外の人士多数見送り呉れらる。

夕刻、山陽ホテル着。一泊。

女中等は午後四時過佐世保発、本夜十一時五十分下関発にて先行。明朝、厳島見物を為さしむ。

三月二十六日　日曜

午後二時宮島着。岩惣の発動機艇にて厳島に渡り参詣、見物等を為したる後、岩惣に於て夕食。

八時過の列車にて神戸に向ふ。

三月二十七日　月曜

午前六時三十三分神戸駅着。山本盛正氏〔川崎造船取締役、山本権兵衛女婿〕、同家の出迎を受け、同氏邸に赴く。一泊。

午後、予は大手に亡山本盛秀翁未亡人〔須嘉〕を訪ひ、妻児は楠公社参詣、布引見物等を為す。

皇后陛下御乗艦摂津、夕刻入港。本夜第一艦隊のイルミネーションあり。山本氏の案内にて一同オリエンタルホテルに晩餐を為し、屋上より艦飾光を見る。

三月二十八日　火曜

午前七時半過、神戸発の特急車に乗じ帰京の途に就く。静岡附近より桜花の咲き揃はんとしつゝあるを見、温暖なる地方なるを思はしむ。

東上するに従ひ北西風強吹、砂塵を揚ぐ。

大坂より平沼〔騏一郎〕大審院長同車。

七時二十分東京駅着、武雄、有田直子〔正盛妻〕、同平一郎、平井七三郎氏〔海軍主計大佐、娘が山本権兵衛長男の清に嫁す〕、木村氏三兄弟、今田氏親子等出迎ひ呉れらる。又福原副官夫婦出迎ひ斡旋し呉れらる。

三月二十九日　水曜

七時前起床。妻等取片附方に忙はし。

朝、山之内一次氏来訪。

昼前、山本〔権兵衛〕家、次で栄子殿を見舞ふ（妻同道)。

午後、山本家御一同来訪。同時村上貞一氏〔山本権兵衛私設秘書〕来訪。福原副官来訪。有田正盛氏も来訪。

午後、松方乙彦氏〔松方正義七男、日本石油取締役〕来訪に付、武雄慶応に入学の事に付依頼するところあり。快諾せらる。

夜、今田氏来訪に付、第三高等女学校と慶応幼稚舎入学の事に付、聞合せ方依頼す。

三月三十日　木曜
七時前起床。午前、倉庫内片附方を監督す。

福徳銀行に三百円余預入を為す。

午後、山本英輔氏〔少将、艦政本部第二部長、山本権兵衛甥〕、次で松方乙彦氏来訪。夜に入り中原豊夫婦来訪。

午前、福原副官は深井〔鑑一郎、東京府立〕第四中学校長を、今田氏は小林第三女学校長及山村材美氏を訪ひ、児童の入学の事に付面談を遂げ呉れらる。

午後、山本大人〔権兵衛〕来訪。

夜、武雄に本日の試験出来栄へを推問せるに、不快の返答ありたるを以て、訓誨を与ふるところあり。


終日在宅。

三月三十一日　金曜
終日雨天。

山本安夫〔陝西省石油利権関与、後藤新平に出入り〕氏、昼前後に渉り来談。

午後三時より海軍省、軍令部に出頭、山下〔源太郎大将〕軍令部長、安保〔清種中将〕次長、野間口〔兼雄大将〕教本長に面会。

加藤寛治中将を久松町の佐藤病院に見舞ふ。

四　月

四月一日　土曜
本夕、山本英輔氏の晩餐の饗を受く。山本伯、床次〔竹二郎〕内相、加藤定吉大将〔軍事参議官〕、上村従義〔彦之丞養子、男爵、海軍大佐〕、松方乙彦氏等あり。
八時前辞し、実を同伴、〔東京府立〕第四中の数学教師宇川氏〔久衛〕を訪ふ。

四月二日　日曜

中村嘉寿氏〔水産会社経営、後に衆院議員〕来訪に付、公債証書売払方を依頼す。

夕刻、村上貞一氏同伴大森の伊東米次〔治〕郎氏邸〔日本郵船社長〕に赴く。松木幹一郎氏〔元逓信官僚、山下汽船取締役〕も来会。十一時過帰邸。

四月三日　月曜

午前、前田郁氏外一名来訪。

正午前より山之内一次氏、次で井上〔良馨〕元帥を訪ふ。

四月四日　火曜

午後、海軍省に井出次官、岡田艦政本部長を訪ひ、参謀本部に上原〔勇作、参謀〕総長と二十分間談話。

次で第四府立中学に深井鑑一郎校長を訪ひ、島津男爵邸礼訪。

帰途、須田氏を訪ひ、松方乙彦氏の平河町の仮宅に夕食の馳走を受け、十時過帰邸。此日雨天にて、自働車にて送りを受く。

四月五日　水曜

朝、瀬戸山喜三次（？）来訪。

山本安夫氏来訪の通知ありたるも、事故あり断はる。

夕刻、篠崎〔真介、横鎮人事部長〕少将、菅沼〔周次郎、佐鎮人事部長〕大佐来訪。福原副官来訪。

朝より山路一行来訪、泰子も亦来り共に一泊す。

夕刻より山之内氏の招に依り築地きたの屋へ赴く。晩餐。安楽兼道〔元内務官僚、貴院議員、鹿児島出身〕、樺山資英〔満鉄理事〕両氏来会。

四月六日　木曜

午前在宅。実の代数、英学修学の相手を為す。

谷口氏〔尚真ヵ、将官会議議員、一五日練習艦隊司令官補任〕を訪ふ。

午後二時より大臣官邸に於ける華府会議全権委員加藤大将〔友三郎〕の会議経過談あり。東伏見宮〔依仁親王、海軍大将〕、〔伏見宮〕博恭王〔海軍中将、軍事参議官〕両殿下、井上、東郷両元帥、各軍事参議官、各司令長官等列席。終て晩餐の饗応あり。米国土産として、**Desk clock and Superita pencil** の頒たる。会議の成効に付、頗る得意の風あり。十時前帰邸。

本日より喜代子、豊子〔三女〕第三高等女学校に通学。

実は落合氏宅に習学。

午後、山名次郎氏〔実業家、鹿児島出身〕を訪ふ。不在。

四月七日　金曜
午前十時半より大臣室に各司令長官参集。次官、艦政本部長、各局長等列席。大臣より軍縮実行の意図示達あり。舞鶴鎮守府の廃止には、多数の反対論あり。

午後三時退散。野間口教育本部長と同車、袖ヶ崎島津〔忠重、海軍少佐〕公爵邸の旧藩出身候補生の招待会に列席し、一場の挨拶を為す。午後七時過帰邸。

此日雨天。

朝出勤の途、慶応義塾の入学者掲示を一覧するに、長男武雄の名を見出す事を得ず。頗る失望す。

四月八日　土曜
実の第四中学の転学試験。難問題多かりしとて失望の体なりしが、夜に入り第一学年に編入の旨通知あり、妻と手を取り狂喜せんとす。

午前、聖心女学院に平田〔トシ子〕女史を訪ひ、専門部予科に喜代子入学の事を依頼す。午後其試験あり、入学許可と為る。

午前、伊地知清弘氏〔海軍大佐、旅順要港部参謀長〕来訪。

夕刻村上貞一氏、次で今井金三郎氏〔軍医中佐、練習艦隊所属〕来訪。

昼、木村中将〔剛、待命中〕令夫人来訪。

夜、伊東米治郎氏に出状（挨拶の為）。

四月九日　日曜
朝、野間口大将の紹介にて奇人杉原鉄城氏〔未来の総理大臣を自称したことで有名〕来訪、撮影を為し去る。

山本安夫氏来訪。

福原副官、中村嘉寿氏来訪。

十一時発、先づ小林盈氏を礼訪し、喜代子の第三女学校を止めて聖心女学院へ転ずる事をも断り置けり。

上村従義氏の鹿児島ずしの御馳走に為る。帰途、大井町に慶応英語講師畑功氏を訪ふ。上原元帥、有田氏を訪ふ。

夜に入り帰邸。中原氏来訪。

伊東米治郎氏、村上貞一氏へ出状。

四月十日　月曜

午前十時、野間口大将の自働車を借り小山氏を訪ひ、次で出省。大臣以下に別辞を述ぶ。

第四中学校に行き、実の第一学年入学許可の事を大輝教諭より聞き、島津男を訪ひ午食の饗を受く。

加藤寛治中将、次で松方乙彦氏を訪ひ、一旦帰邸の後、五時三十五分新橋発にて帰途に就く。

四月十一日　火曜

朝、神戸駅にて盛正君と面晤。

八時過、下関着。山陽ホテルにて入浴。

十時五十分門司発にて帰佐。車中にて土師〔盛貞〕朝鮮総督府事務官、萩原税務吏等と邂逅。

四月十二日　水曜

五時過、帰佐。

午前、航空隊に赴き鎮海飛行の出発を送らんとせるも、三機の内一機故障、飛行中止と為る。

午後、向後崎方面検閲。

夕、河田〔勝治少将、佐世保〕工廠長来訪。

四月十三日　木曜

午前八時十五分、伊集院俊少将の瑞二授与式。

九時、第六十二号潜水艦進水式。

十一時、一般会報。人員招集、一通出京の折の事情を咄す。

午後、監獄、埋葬地の検閲。

夜、野村健氏、次で福原副官来訪。

上原将軍より来状。

四月十四日　金曜

午前、港務部検閲。

本夕、於水交社高島〔愿、佐鎮〕元法務長の送別会に臨む。

妻より来状。妻、松方乙彦君に各出状。

四月十五日　土曜

昼過出発の高島愿氏を停車場に送る。

本日夕より福原副官長官邸に移居。

上原将軍に出状。

四月十六日　日曜

午前在邸。内田政彦、梁川源之丞氏〔佐鎮軍法会議法務官〕来訪。

午後、伊集院、野村並福原三氏同伴、皆瀬水源地、鵜戸《〔渡〕》越等を散策。夜晩餐を共にす。

四月十七日　月曜

出勤。

久邇宮より、朝融王殿下御全快の御祝儀として、殿下の御写真、銀盃一組並酒肴料等賜はる。

妻より来状、真幸、四郎、幼稚舎にて学科の進み居るに苦みつゝあるの状況を報じ来る。則、各児へも出状。

都城母上、東京の種子田右八郎氏〔造兵総監、待命中〕へ出状。

四月十八日　火曜

不在中、鎮守府に到着せる私信等を処分し、三月廿一日発山本清〔山本権兵衛長男、第一遣外艦隊副官〕氏書状を発見。本夜答書を出す。

四月十九日　水曜

寺島水道、大島方面の検閲。

四月二十日　木曜

黒島方面の検閲。

三時半帰府すれば、今朝東京留守邸の電報着しあり。曰く、

　武雄入学した

直に「喜ぶ」と返電。又松方乙彦氏に謝電。小山君等にも宜敷伝言を頼む。

十六日夜、十七日附の二書面妻より来る。直に返書。都城にも出状。

四月二十一日　金曜

長良に御真影勅諭奉授式。

午後、一般会報。

妻より来書に付、返書を出す。

四月二十二日　土曜

夜来豪雨、午後に至り霽る。

午後、内田翁来訪。揮毫を試む。

晩餐に新旧の出雲艦長植村信男、原敢次《〔二〕》郎両大佐を招き、川《〔河〕》田工廠長、小林〔研蔵少将、佐鎮〕参謀長、福原副官も列席す。

廿日附の妻の書面落手、十九日夜十一時頃突然慶応の酒井氏より電話あり、武雄入学出来たとの通知に接し、歓喜終宵眠を為さず、翌朝夙に山本大人に電話せるに、同家に於ても特の外の御喜にて、直に母上〔トキ〕御来訪下され、武雄の初度の洋服は山本家より送り呉れらるとの事抔承知し、留守宅内春風堂に満つるの観を呈したる事と、今更ながら欣喜に堪へず。

四月二十三日　日曜

午前曇、午後降雨。

午後、参謀、副官等同伴、柚木村の新水源地視察に出掛く。

本夜、野村大佐宅の鹿児島寿司の御馳走に為る。

十一時帰邸。雨強し。

四月二十四日　月曜

霧島〔寺岡平吾大佐〕、比叡〔匝瑳胤次大佐〕両艦長入港の挨拶に見ゆ。

東京（廿一日附）、都城（廿日附）両方面より来書に付、返書を出す。

水交社に十円四銭を払ふ。本月十五日迄の分也。

四月二十五日　火曜

航空隊、消毒所検閲。帰途、採石所を見る。

旅順より白菜到着に付、東京に送る。

夜、伊集院俊氏来訪。

四月二十六日　水曜

病院検閲。

午後四時、新聞社より電話あり、本日午前十時東京に強震あり。

夕刻、一行来訪。

妻より廿三、廿四日附の書面到着に付、返書。

成合徳次氏にも返書。

四月二十七日　木曜

第二十四駆逐隊の検閲。午後は港外へ出動。

大村聯隊区司令官佐々木久雄大佐来訪、本日より当市に於て徴兵検査を開始せりと云ふ。青年子弟の志想悪化は、中小学校教師の素質不良、境遇不良に基くと思はざるやと質問せしに、極て同感なる旨を陳べ、数実例を列挙せられたり。

四月二十八日　金曜

午前、長良、次に第廿三潜水艦巡視。

夕刻、野村大佐邸を訪ひ、次で真野氏を訪ふ。

廿六日の妻の書面到着、返書を出す。

四月二十九日　土曜

降雨。

午前、市役所に於ける徴兵検査視察に赴く。

午後、伊集院少将来訪。

夕より野村少将の鹿児島寿司御馳走に赴く。

朝、真野氏母堂来訪。

村上格一〔大将、呉鎮司令長官〕、加藤寛治両将軍より来状。妻、加藤中将に各出状。

四月三十日　日曜

午前、中倉万次郎翁〔佐世保鉄道社長、衆院議員〕、次に岡野中学校長来訪。

午後、伊集院、野村及福原三氏同伴、波佐見焼物場見物に出掛く。

夕八時前、帰邸。妻、辰彦、都城町長〔成合徳次〕より来状。

五　月

五月一日　月曜

午前、海兵団の新兵卒業式に臨む。

夜、水交社に於ける小林参謀長の送別小会に出席。同少将は第一遣外艦隊司令官に親補、不日赴任せんとするなり。

都城町長代理に発電。

妻、辰彦に出状。

五月二日　火曜

午前、肥前検閲。

夜、大内機関少将来訪。

妻より来状、子供の学校も大体折合が附ひたるらんを大に安神す。

加藤寛治中将に賀状を出す。

五月三日　水曜

〔佐鎮〕新参謀長牟田亀太郎少将着任、前小林参謀長退庁。

深川静氏長崎三菱造船所の造機工務長に新任の報に接したるに付、祝辞を出す。

馬公参謀長〔松坂茂〕、機関長〔吉沢一雄〕打合の為来府。

退出の途、小林夫人を挨拶の為め訪問。

明日出発出京の大内機関長に東京行李一個を依頼。

妻へ出状。都城姉上、宮崎の渡部氏に出状。

午後より強風。

夕刻、宇土主計長来訪、嵯峨主計長失踪の報あり。

五月四日　木曜

出勤の途、参謀長宅を訪ふ。

正午過出発の小林少将夫婦を停車場に見送る。

午後、防備隊の普通科水雷術練習生の卒業式に臨む。

夕刻より右背疼痛あり屈伸不自由。呼吸さへ少く妨げらるゝの感あり。一種の感冒と認め九時過就寝。

本日出発上京の大内機関少将に東京邸行の一行李を依托す。

五月五日　金曜

起出れば、昨夕の背痛大に軽快。

午前、第十五艦隊検閲。

正午過の汽車にて新参謀長牟田少将参謀長会議の為上京。

陸奥は横須賀より、須磨は青島より帰港す。

五月六日　土曜

午後七時五十分発汽車にて出発、鹿児島に向ふ。来九日御来鹿児の英皇儲殿下〔Edward,プリンス・オブ・ウェールズ、後のイギリス国王エドワード八世〕の御機嫌を奉伺せんが為也。
午後、散髪。

五月七日　日曜
午前十時過、都城西口の寿米庵に帰投。
九十三才の高齢なる母君、両姉上共に健在なるを見て安神す。渡部豊君も宮崎より来会。
今夜、酒寿司抔出来、鶴田氏も来邸、咄はづむ。

五月八日　月曜
午前九時過、龍峯寺に墓参。
十時五十分発の汽車にて出鹿児。三時過鹿児島着。中村副官の出迎を受け、直に磯の島津邸に赴き東郷元帥、伊集院彦吉〔外務省情報部長、男爵〕、山之内一次、大久保利武〔大久保利通三男、内務官僚、貴院議員〕、樺山愛輔氏〔資紀長男、実業家、伯爵〕等と会談。八時過着の珍田伯〔捨巳、東宮大夫、枢密顧問官〕等の来邸を待ち打合を了り、十二時過薩摩屋別荘に投宿す。

五月九日　火曜
午前十時三十分桟橋上に英皇儲を奉迎、握手を賜はる。
磯島津邸の午餐。正午に於て御陪食の栄を得。

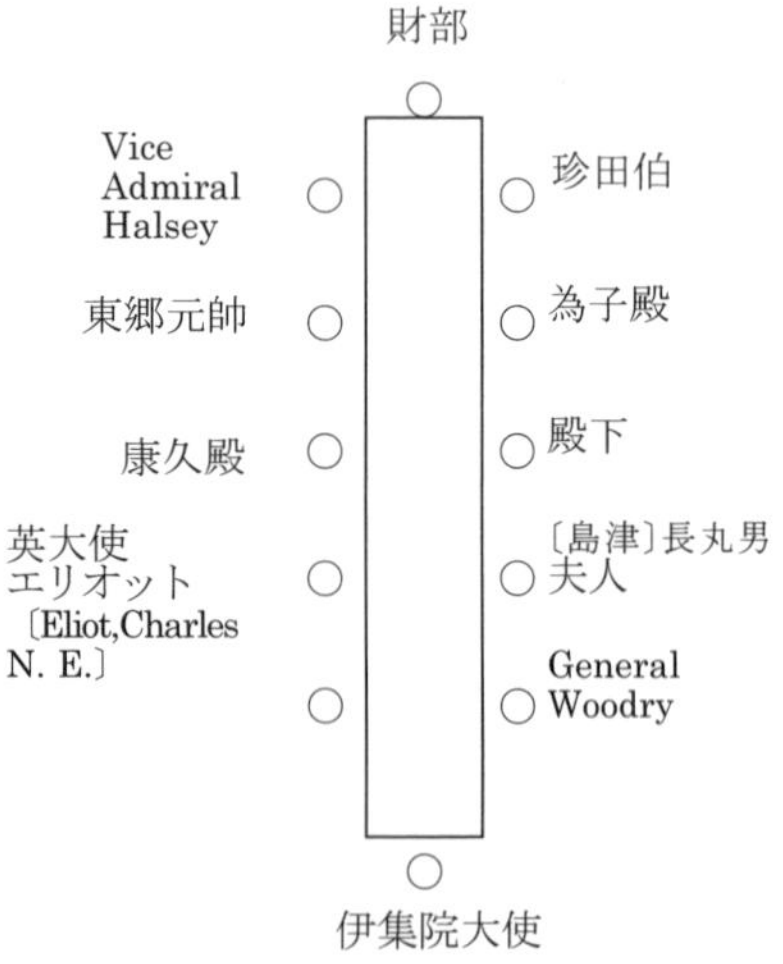

午後二時半、桟橋迄奉送。
夕、青柳楼に於ける島津家の饗宴に列席。
午後九時半汽車にて発。

五月十日　水曜
午前八時過、佐世保に帰着。

午後、最上の検閲。

山本大人、妻、喜代子より各来状。妻へ出状。

五月十一日　木曜
午前、防備隊検閲。
英大使館附武官 Captain Colvin 来港に付、本夕河田工廠長、伊集院少将、福原副官、浅川〔昌松〕機中佐及松原〔雅太少佐〕参謀をも招き晩餐を饗す。

五月十二日　金曜
午前十時半より海員掖済会の高等海員養成所落成式に臨み、次で水交社に於ける饗宴に出席。
妻より来状。

五月十三日　土曜
午前、海兵団に於ける海軍兵学校等入学試験を至り見る。海軍兵の英学答案の案外劣等なるに失望せり。

西班牙公使館附武官〔ドン・クローディオ・ラーゴ・デ・ランリス de Corvette Don Claudio Lago de Lanzos〕来府。

山本大人、妻、武雄に各出状。

島村勘四郎に、昨年一月以来四月廿八日迄の家屋税等合計五拾七円六十四銭及雑費として若干、合計金六拾円を為替券にて送金す。

五月十四日　日曜
野間口教育本部長、海兵団に於て施行中の海軍生徒採用試験視察の為来佐。昼前来訪。
午後、内田政彦氏、次で種子田栄機関大尉来訪、夕食を共にす。
真野秀種氏と神田豊氏長女良縁ならざるやを思ひ、姉上に出状。

五月十五日　月曜
午前、病院に於ける普通科看護術練習生の卒業申授式に臨む。

知床、アバダンより徳山を経て入港。

夕、野村氏を訪ふ。知床の新嘉坡土産のボアチック、パヽイヤの御馳走に為る。野村氏と八幡社辺迄散歩。

竹下〔勇中将、将官会議議員〕氏、近江谷〔栄次カ、実業家、元衆院議員〕氏に出状。

五月十六日　火曜
午前、敷島検閲。帰途、第三二潜水艦巡視。
高橋武次郎大佐（知床艦長）より南洋土産を貰ふ。
福原副官母堂来佐の由。
小栗中将〔孝三郎、舞鎮司令長官〕に出状。

五月十七日　水曜
午前、人事部検閲。
司法局《〔法務〕》長〔内田重成〕来府。
東京邸の下婢松岡末なるものより挨拶の端書来る。是は婆爺とは異るものにや。
去十四日の運動会に真幸一等、四郎、五郎各二等賞を得たりとの報に接す。

五月十八日　木曜
海兵団検閲。頗る暑し。
本夕来佐中の内田法務局長、先日入港の利根艦長〔園田繁喜大佐〕、高橋知床艦長等を招き夕食を共にす。
九時過、伊集院少将来訪。
午後、真野氏子供を苺取りに招く。
妻に出状（二十五円の証券を封入）。

五月十九日　金曜
午後、一般会報。
夜に入り福原氏母堂来訪。

五月二十日　土曜
午後、匝瑳比叡、寺岡霧島艦長来訪、数刻部内近状に付ての所感談あり。頗る面白し。
池田〔他人大佐〕須磨艦長亦入港報告の為来邸。
伊地知正一氏より挨拶来るに付、端書を出す。

五月二十一日　日曜
小栗中将より来状、佐藤中将〔皐蔵、大湊要港部司令官〕の書面封入しあり。
午後、伊集院、大内両少将来訪。
矢岳の某と皐月花を見る。
八幡社境内に於て催ふせる三州人会に臨む。伊集院俊氏の造士舎由来談あり。琵琶、薩摩酢等あり。伊集院氏と帰途夜店通等を散歩。

十一時過、帰邸。

五月二十二日　月曜
午前、労山の恒例検閲。
陸奥に華頂宮〔博忠王、海軍少尉〕の御機嫌を伺ふ。
福原副官の母堂、本日より同副官の室に来宿。
小栗中将、佐藤中将に出状。

五月二十三日　火曜
午前九時過軍艦出雲を訪ひ、同艦が練習艦隊に結合、世界航界《〔ママ〕》の為十時出港するを送る。原艦長の請に依り一場の訓話を為す。

午後、軍法会議検閲。

本夜、野村健、北郷菊彦氏〔元海軍士官〕来訪。

下関の伊地知正一氏より来状、直に返書を認め愛甲氏〔兼達、第十五銀行頭取、鹿児島出身〕へ伝言の事を頼む。

五月二十四日　水曜
午前、第廿九駆逐隊検閲。
妻より来書、去廿一日餅原鎌倉行の報あり。
鎌倉島村勘四郎六拾円受領の報あり。

五月二十五日　木曜
本日より定例に依り白服と為る。然るに本日は少雨にして、両三日前より却て冷涼なるは皮肉の感あり。

午前八時半工廠に赴き、発電所鉄製烟突（高二百呎）を組立ながら漸次引上げ、下方に延伸する斬新方法を採り作業しつゝあるを見る。已に百六十余呎を完成しあり。

明後日の紀念日の講話の為、各地へ出張する三十余名を見、挨拶す。

亥角〔喜蔵、佐鎮人事部員〕中佐都城に出張に付、伝言を頼む。

五月二十六日　金曜
午後、佐多恒例検閲。帰途、陸奥に博忠王殿下の御栄進を祝する為に参艦、拝謁。
牟田参謀長より東京土産として団扇を贈らる。

五月二十七日　土曜
本朝、日宇海軍墓地の戦死者祭典に参拝。
恩賜奨学賞金賞授与式。終て練兵場に於ける運動会に臨む。
正午、海兵団砲台に催せる祝賀宴会に臨み、一場の挨拶を為す。
午後、矢岳練兵場の相撲競技に臨む。
本夜、福原副官一家の晩餐に招かれ列席。

五月二十八日　日曜
昼過に雨霽る。午後揮毫に消暇。
妻より来状。
伊地知正一氏より来状、愛甲氏の返答なるものに曰く、
　都城に支店設置の件は、当行の発展策としても又同地の発展に伴ひ至極結構の事なるも、目下の場合急に之が設置の計画無之、今後共同地方に於て当行の支店設置を要望せらるゝ様ならば、或は機運を速めるものに候、斯々る場合には外ならぬ貴台の御仰に付御希望に副度存候、而して目下の場合準備行為として土地の買収は差当り困難の事に付云々。

五月二十九日　月曜
午後、津川某外四名の（主として弁護士）市会議員候補者、工廠候補者の事に付、質問の為来府に付会見、当局は何等干渉したる事なく、又為さんとするの気なき事断言しおけり。
夕刻、真野氏小供苺取りに来り、喜々として去る。
露国革命事情（蘇峰〔徳富猪一郎、国民新聞社長〕の「大戦後の世界と日本」中の）を読み、感興頗る深し。

五月三十日　火曜
旅順要港部参謀長伊地知季清〔清弘〕大佐、同機関長荒尾〔文雄、海軍機関〕大佐来府、要港部の改変に関する下打合の為なり。
退出の途、水交社にて散髪。此頃より降雨し始む。

五月三十一日　水曜
独逸戦時中の海軍統帥欠陥論集を読み興味津々。要するに、官制は絶体に不可なるに非ずして、皇帝の驕慢自用

の過ぎたると、軍令部長ポール〔Pole, von Hugo〕の無能及チルピッツ〔海軍大臣、Alfred Peter Friedrich von Tirpitz〕の失措に由るものと認めらる。
夜、河田工廠長、次で牟田参謀長来訪。

六　月

六月一日　木曜
午前、知床恒例検閲。
陸奥、霧島、比叡出港。
志願兵九百八十余名入団。
妻より来状。

六月二日　金曜
午後二時より敷島に於て観艇式に臨む。
夜、伊集院少将来訪、来十六日頃出京との事に付、井上元帥引退の事、野村主計大佐の事、山本少佐の事を頼む。
本日は何と無く気分勝れず。

六月三日　土曜
午前、海兵団の入団式に臨む。
午後、洋服乾方。
妻、渡部豊氏、伊地知正一氏へ各出状。
夕、新挿秧せる菊圃に注水を試む。

六月四日　日曜
終日在邸。虫乾し、菊圃潅水等に運動を取る。
夕、真野秀種氏、次で野村主計大佐来訪、真野氏に神田豊氏長女の事を咄す。

六月五日　月曜
午後、夕張の起工式に臨む。
妻、武雄、又国許の姉上より来状。
武雄より、自働自転車購入したき（東京電車の雑踏等を口実とし）旨申来るに付、将来実業に身を立てんと欲するもの、今日は丁稚小僧の位置に身を下とし克己修養するの要あり、父母の苦心をも知らず成金か華族の馬鹿息子如き強請を為すべからずと、強く訓誨し遣れり。
姉上は、戸田〔石彰〕に沢山画を書かしたりとて謝礼の事に付聞合せ来る。是にも、能き程度に返事し遣れり。

午後二時頃、労山、尻矢崎に擱座の電報に接す。

六月六日　火曜

午前、海兵団に於ける給炭術競技、簡閲点呼を見たる後、造兵部飛行機工場に赴き、横廠式飛行機の砂嚢試験を見る。体重の五倍半迄は先づ相当に堪へたるものと認む。

午後三時過、佐世保新報社に内閣総辞職の着電ありたりとの報に接す。

本夕、河田工廠長の中将進級の内祝晩餐なるものに赴く。官邸に一寸介が陳園以下の退隠芸者を伴ひ来り、加勢し在るを見たり。

長崎の三菱造船所の深川静氏来訪せるも、不在にて面会を得ず。

十時過、村上貞一氏より来電。

　内閣倒れた、援助頼むとあり。

六月七日　水曜

午前、第二十一潜水隊の検閲。

墨西哥の海軍士官某〔エンリケ・ポーリング・ドランテス、Dorantes, Enriquo Pouling〕工廠視察に来る。

四日附中村嘉寿氏書面に接す。豊子の書面も来る。

本夜、中村、村上氏、豊子に各出状。

六月八日　木曜

午前、利根山口〔利勝、生駒副砲長・砲術学校教官〕大尉の利根南洋巡航談、高橋大佐〔知床艦長〕の知床アバダン航海談講話会に臨む。

午後、大毎新聞通信員等来訪、加藤海相に大命下りたりとの電話あり。就ては海相は閣下ならずやとの意味の質問あり。之に対し、

　加藤男が果して総理と為るに於ては、華盛頓会議跡始末と云ふ事が意義なるべし、而して其為には先に高橋〔是清〕蔵相が総理と為りて、尚蔵相を兼たる如く、加藤総理が海相を兼ると云ふが最も可能性ある如く思はると答へ置けり。

妻、国許姉上、内田重成氏より来状。

夜、伊集院少将来訪。

六月九日　金曜

午前、当田、檜に赴き焚火競技を見る。

新聞電報に依れば、加藤海相に大命降下の模様あるものゝ如く、已に閣員顔触迄も下馬評に上り居るものと見へ、午後四時過、筑後福島局発、熊谷ゴイチなる人より左の電あり。

　海軍大臣御就任を祝す

又夕刻、東京芝桜田局発ヒヒノより、

　加藤成立の見込、目下役割中、閣下海相の呼声高しの電着。物寿寄なる人世に多きもの哉と思はれたり。

夜、伊集院少将来訪。

六月十日　土曜

朝、驟雨至らんとして、塵埃を鎮むるに至らず晴れ上る。

妻、四郎、佐保某、龍岡再生氏等より来状。

一昨日と昨日、新聞記者と何心なく咄せし事を麗々と大毎、大朝に出しあり驚く。

直に加藤男が御受したりとは信ぜられざりしが、本日の新聞に依りて果して行脳の如し。

正午前、安楽氏より山之内氏に関し来電。

六月十一日　日曜

午前十一時四五分発山之内氏来電（一時四十分着）。

　引受ける、床次残る

午後二時十五分発にて、

　政友から一人も出さん由

と来電。其外、伊集院氏より一通、不名一通あり。特に可笑きは、野崎熊次郎氏よりの、

　謹で御入閣を祝す

の電報なりき。

午後より長門艦長樺山可也大佐来訪、夕食を共にし緩話。

龍岡真人氏へ出状、実の学業に付四中へ聞合せ方依頼す。

六月十二日　月曜

午前、給炭、焚火競技賞品授与式に臨む。

本日午前、新内閣の親任式ありたりとの報あり。

伊集院彦吉氏に電報。

　〔山之内〕一次、水野〔錬太郎〕跡肝煎らすな

山之内氏に返書を出す。

本日年金受領、内参〇〇丈東京に手形にて送る。

東京、都城両邸へ出状。

六月十三日　火曜

筑島〔桂太郎、佐世保〕市長来府、海軍側より出たる市会議員八名の内より議長出しては如何との談あり。夫は手腕の点と余暇なき点とにて六ヶ敷らんと答へ置けり。

第三十四潜水艦昨日午後二時頃大村沖亀瀬に座礁せる報あり。救助手続を為す（艦隊所属の艦）。

六月十四日　水曜

中野〔直枝〕中将の率ふる第二戦隊入港にて来訪、何か緩談の希望あるやに見受けらる。

十時半より相之浦に赴き、総端舟遠航の模様を見る。

帰途、山之田水源地を見（残水三十二万屯）、帰府。

六月十五日　木曜

朝、勲章授与式。

午前、栃内〔曽次郎大将〕第一艦隊司令長官来訪、去月廿六日東京にて大臣に告別のとき、栃内は十二月迄移動せずと思ひ居れば大丈夫なりと宣告せられたりと云へり。

午後、栃内長官を長門に、中野司令官を金剛に答訪。

妻十三日附書面（実の学業に関する）到着。

村上大将より来状（十四日附）、加藤男の大命は拝受は聊意外とする処なるも云云、専任海相を速に任命せらるゝを健康上至当と思考する事、七月始に長官の一部移動を行ふも知れずと大臣が咄されたる事、等が注意すべき点なりき。

六月十六日　金曜

午前、百武第三戦隊司令官来訪。

午後、一般会報。

本夕、華頂宮博忠王殿下を御始め栃内、中野、百武、大谷〔幸四郎海軍少将、第一水雷戦隊司令官〕等の諸将軍を招待、晩餐を催ふす。殿下は来る陸奥入渠時に当官邸に御泊を希望せらるゝの御内意を漏されたり。

十二日附妻の書面到着、返書を認む。

去十二日入梅後も引続き好天気のみにて、貯水池三十二万屯に減じ、人々雨を望みつゝありしに、本日午前より霖雨の様に降り始めたり。

六月十七日　土曜

午後に至り又霽れ上る。

夜に入り田中丸に赴き麦藁帽を購求す。

蘇峰の「大戦後の世界と日本」を読了す。共鳴する点多し。

六月十八日　日曜

終日在宅。昨日来又晴れ上り、霖雨期らしからず。

午後、牧龍太氏来訪、南州翁私学校綱領書写真を恵まる。

妻、山本英輔、神田豊氏より各来状。

妻、山本、神田、渡部豊、沖雄熊〔第十五銀行鹿児島支店長〕、龍岡真人氏等に出状。

六月十九日　月曜

艦隊出港の為中野、大谷司令官等鎮守府に来訪。長門艦長も。

宇土主計少将台湾より帰着、パパイヤ等の土産を送らる。

六月二十日　火曜

出府。

午後四時半頃、伊集院少将東京より帰着せりとて来訪、夕食を共にし、詳に政変時の咄抔を聞く。

午後八時半、自働車にて出発、九時半早岐発の列車にて鹿児島に向ふ。中村副官同伴。

六月二十一日　水曜

午前八時過、鹿児島着。県庁自働車の迎を受け、薩摩屋別荘に着。中川知事、十五銀行の沖雄熊、日高尚剛氏〔南薩鉄道取締役〕、鮫島鉄馬氏等の来訪を受く。

昼食後県庁、次で十五銀行支店を訪ひ、午後一時発の汽船にて古江に向ふ。四時過古江着。直に日高〔彦市《マヽ》〕郡長等の出迎を受け、馬車を馳りて鹿屋に向ふ。雨る。

夕刻、鹿屋の河野旅館に投宿。亥角点呼官一行先づあり。

官民有志の強請に依り、枕流亭に於ける歓迎宴に臨む。一場の挨拶。

六月二十二日　木曜

昨日来の降雨益々強し。農民は更なり。人々喜色あり。

八時河野旅館を出で、先づ小学校に臨み講話を試む。次で簡閲点呼に臨む。

午後二時頃より出掛け、農学校に至り講話。

平田禎〔鹿屋電灯、元衆院議員〕、永田良吉氏〔前大姶良村長、県会議員〕等同伴、馬車を駆り雨中に笠原の地方義勇的施設の二十町歩の飛行場を見、串良に出で、夫より自働車にて眼下を見、次で志布志に向ふ。

薄暮、志布志大正旅館に着。本夜、地方有志の強請に依り万福亭の歓迎宴に臨む。

六月二十三日　金曜
午前八時半より旅館を出で、町長〔志布志町長坂元虎二〕等の案内に依り先づ築港を見、夫より中学校に到り約一時間半講話。

十一時半自働車にて大井〔藤助〕曽於郡長と同道、岩川に赴く。先郡役所に至り、夫より石油噴出の状況を見、遠洲亭に於ける地方官民の歓迎宴に臨み、一場の講話を試む。

五時過、郡書記某及末吉の轟木氏等の案内にて末吉に到り講話、了て都城に帰る。

八時過、帰邸。末吉の人々送り来る。渡部豊氏来邸し在り。

六月二十四日　土曜
中村副官は昨夜長男病気の電報に接したるに付、今朝出発帰途に上る。

午前龍岡篤敬、成合郡長、岩切信一、池袋清次〔宮崎県会議員〕等の諸氏来訪。

午後二時過より郡会議堂に於て郡内町村長、小学校長の集団へ軍縮に関する講話を試む。約一時間半。

夕刻、島津久家男の墓に詣で、次で祖先の墓参。

本夜、鶴田、神田猛熊、千田某等来訪。揮毫を試む。

実、学校に登校を否む模様、妻より来状。

六月二十五日　日曜
午前五時半起床。

七時廿六分都城発の列車にて帰佐の途に上る。西川某、久木田氏等同乗しあり。

小林より戸田石彰氏夫婦も市来に帰るとて同車し来る。

吉松より藤安氏同乗しあり。熊本より武谷博士も乗車。

鳥栖駅にて片倉組社員の送迎を受く。野崎氏は熊本に出張中との事に付、十五銀行支店の事を伝言す。

午後七時半、帰邸。
本夕、実の事に付妻に打電、次で書面を出だす。
山之内、山路、中村嘉寿氏より来書。

六月二十六日　月曜
降雨宛然たる梅雨天気なるも、高気圧は尚ほも九州南東海上に在りて、寧ろ霖雨上りの気圧配置なりと、観測手は語り居れり。
本日は自働車にて登下府す。
廿四日附の妻の手紙着、廿二日以来引続き実は登校せずとの事に付、夕刻、
　実の事は台町〔山本家〕にも相談せよ
と打電す。
金五百円小切手を書留にて発送す。

六月二十七日　火曜
午後一時より聯合小銃射撃競技に臨む。
夕より伊集院少将来訪。揮毫。
夜に入り、
　必要なら黒木にも相談せよ
と妻に打電。
十二時前就寝。
無電傍受により、昨夜十一時過依仁親皇《〔マヽ〕》殿下薨去あらせられたるものと判断す。

六月二十八日　水曜
終日細雨。
本夜より坂井惟義氏を招き、鉢之木謡を稽古を始む。十一時半に至る。
大寺〔量吉大佐〕磐手艦長、成合郡長より来状。

六月二十九日　木曜
今にも降り出さん許の曇天なりしも、夕刻に至り晴れ上る。
午前、常磐検閲。
午後〇時四十分にて中木〔博智佐世保高等〕女学校長出発に付、福原副官停車場に送る。

六月三十日　金曜
午前、八年入団徴兵の退団式に臨む。

午後、潜水競技に臨む。

午後退出後、坂井氏に謡を学ぶ。

妻より来書、廿七日に山本大人実に懇諭を賜ふ。当人も幾分力を得たるやの報あり。本夜答書を出だす。

戸田氏より来状。

七　月

七月一日　土曜
終日強南風湿潤なる大気を吹き来るも、一向碌々降雨無し。心持悪き事限なし。
廿八日、廿九日附妻の書面到着、実も廿八、廿九日出校せりと云ふ。
午後三時より五時迄坂井氏来り教授。

七月二日　日曜
夜来降雨と為り、午前中は盆を覆すの概あり。
龍岡真人氏より来状。

七月三日　月曜
午前、襟裳検閲。
正午前、一日附人事局長〔古川鈊三郎少将〕内報に接し、本月末横須賀鎮守府へ転任の予定なる旨を知り、一驚を吃す。
其原因は、
一、今後或時機に東京へ転職の都合を慮りたるものか
二、近時予が児童教育に関し内顧の事情あるを了察せられたるもの歟
二者の内其一ならんと想察す。

午後栃内、山路、山屋各将軍に出状。妻にも。

夕、坂井氏来邸。

夜、村上大将、戸田石彰氏に出状。

夜、野村氏来訪。

七月四日　火曜
昨日来の豪雨夕刻に到り漸く止む。

本日施行予定の戦闘掃海延引。

退府の途、散髪。

夜、伊集院少将来訪、揮毫。馬公の乱脈、米山〔順吾、第二二潜水隊〕司令、秋本《〔有カ〕》〔明、呂号第二五〕潜水艦長、

国分〔正三〕大尉等の咄あり。

七月五日　水曜

昨夜来強雨、盆を覆すが如し。出府迄に肩衣迄湿ふ。本日も戦闘掃海延引。

坂井氏来邸。

本夕、水交社に於て福原副官の為に送別の小宴。

妻より来書、去二日午後実、真幸大喧嘩を為し、実真幸を棒を以て臀部を殴打、一時気絶し一騒を為したりと云ふ。喜代子よりも来状。

本夜、従僕後藤徴兵検査の為帰郷す。

七月六日　木曜

好晴。

午前、海兵団の予備練習生退団式に臨む。

兼子大佐、唐津より来府。

百武多摩艦長来府、入渠の為来港の由。

杉原義成氏の為揮毫。

妻及喜代子より来状、妻に返書。

七月七日　金曜

夜来颱風東海より五島沖を北上す。

午前中は二十九、三五の気圧を示し南風速吹せるが、正午頃より気圧漸次上昇し、四時には二十九、五二に至る。風向も亦漸次西変し大気清涼と為り、雨亦止む。

村上大将より来状、同氏は軍参〔軍事参議官〕たるべき内命あり、後任は鈴木〔貫太郎〕中将なりと云ふ。

山本英輔氏より来状、清氏が婦人一件の干渉を余り好意を以て受取らざる旨通信あり。

竹下中将へ出状、伊集院〔俊〕東宮武官に推挙の事を申送。

夜、伊集院少将来訪。

姉上へ、神田氏の香奠は五々にて如何《〔ママ〕》。

七月八日　土曜

午前、鶴見恒例検閲。

本日始て新規則に依り、土曜日午後三時迄の勤務。

海軍次官〔井出謙治〕より来電、十四日長崎着発のデンビー氏〔Denby, Edwin、アメリカ海軍長官〕を大臣の名を以て迎送すべしと。

坂井氏来邸。

襟裳鎮海よりマリーを連れ来り呉れたり。

山屋氏より来状、先の艦隊引渡しの約束越祥と脱づれ、モズクとヒジキとを引続く事となれりと、諧虐〔謔〕的に申来れり。

妻と都城の姉上に出状。

七月九日　日曜
午前内田老、牧龍太、真野氏等来訪。
午後は伊集院少将、内倉〔利吉、鎮海防備隊司令、鹿児島出身〕大佐来訪。
終日在宅。揮毫等を試む。
午後より降雨。
妻七日附書面着、実登校せずとの事也。

七月十日　月曜
少降雨。
午後、潜水術競技褒賞授与式、一般会報。
坂井氏来邸。
午前、日比野助役来訪、武断主張、露骨の評ありとの苦言を与へらる。

七月十一日　火曜
本日より又々午前八時出勤、午後三時退出と為る。

河田工廠長、神代〔謹次、呉鎮建造潜水艦艤装委員長〕大佐等来府。

妻八日書面着、愈実は麻布中へ転校に一決せりと。

九日発黒木剛一氏〔中尉、宮崎県出身〕より来状、実の事に付大分尽力し呉れたる由にて、近状詳細報告し呉れらる。感謝に堪へず。

八日附栃内大将より来状（予の書面後れて八日に落手の由）。

村上、山屋両大将へ出状。

夜更に山屋大将に葉書を出し、家の事を申送る（鎌倉邸に関し妻より来電に付）。

夜に入り伊集院、野村、日比野氏来訪。

七月十二日　水曜
本夕、野村大佐の晩餐に招かる。伊集院、福原氏同席。
姉上より来状。

七月十三日　木曜
午前出府。
午後二時過の汽車にて長崎に向ふ。早岐より瓜生〔外吉、予備海軍〕大将と同車。
上野屋へ一泊。
夜十二時頃迄揮毫。

七月十四日　金曜
午前七時過、米運送船ヘンデルソン入港。

八時過より三菱造船所に赴き、廻航並実験準備を為したる土佐を見る。

米艦ヒューロンを訪ふ。米海軍卿デンビー氏は不在に付、ストラウス〔**Strauss, Joseph**、海軍大将、アジア艦隊〕司令長官と会談。

正午過、ヒューロンに於けるデンビー氏の **Buffet Lunch** に出席。

午後二時より大徳園に於て市の園遊会に出席。

四時発の汽車にて帰佐。

八時中里〔重次、海軍省軍需局長〕少将来訪。

福原副官来訪。

七月十五日　土曜
午前六時二十分発汽車にて帰東の途に上る。下之関迄福原元鎮守府副官同行。福原中佐は下之関より本夜発の関釜連絡船に乗船、鎮海在泊の伊勢副長に赴任する也。
門司より港務部の汽艇を借り渡峡。午後二時過下関発列車にて発。

七月十六日　日曜
午前六時半、山本盛正氏父子神戸より乗車、京都駅迄同行。是処にて相別れ、予は帰東す。
七時二十分東京駅着、武雄、黒木剛一氏、今田氏出迎し呉れらる。

七月十七日　月曜
夜に入り山本邸を訪ふの外、終日在宅。
午後山之内一次、次で中村嘉寿氏来訪。

七月十八日　火曜
午前、海軍省の自働車を借り、四中、島津男爵邸を訪ひ、海軍省に出頭。

午前、深井〔東京府立第〕四中校長に面会、実麻布中学へ転校の事を承諾を得。

午後、実同伴、麻布中に清水〔由松〕校長を訪ひ転学の承諾を得たり。三、四学年に進み、成績順序十番以内位に為る迄、野球に加はらざる約束を為さしめたり。

午後五時頃より村上貞一氏、夜山本英輔氏来訪。

七月十九日　水曜
午前、成田栄信氏〔衆院議員、愛媛県選出〕来訪。

午後、竹崎一二氏来訪、筆鋒談等あり。

四時より青山墓地肥田家の墓前祭に列席、英子の墓を展ず。鉄柵可なり能く塗り代へあり。

夜に入り渡部豊氏、日高釗氏〔少佐、水雷学校、鹿児島出身〕来訪。

昼間頗る暑気強し。

七月二十日　木曜
朝、加藤寛治中将病気見舞挨拶の為来訪に付、同氏の自働車を借り実を伴ひ平和博覧会見物に出掛く。精養軒にて昼食。

朝、木村剛氏も来訪。

帰途、海軍省に立寄る。

夕刻、山本大人を訪ふ。山本英輔氏も来会。

七月二十一日　金曜
朝、近江谷栄次氏来訪。
午後、山本大人を訪ふ。先に政変当時に就て咄の要領。
葉山行の翌朝、松方五郎氏〔正義五男、実業家〕、侯〔松方正義〕の代理として電話にて帰京を促せるも、隠退したる自分ゆへ帰らざるが良しとて断られたる事、翌日清浦子〔奎吾、枢密院議長〕来談の要に依れば、摂政宮殿下より松方侯に御下問に付き、枢密院議長清浦氏と明治天皇陛下以来の重臣総理大臣の経歴ある山本〔権兵衛〕伯に相談の御許可を仰ぐ御勅許を得たりとて、清浦子に松侯より相談あり、為に来訪するに至りたる事、之に対し伯は、左様なる事は五郎氏の電話にては分らざりしゆへ帰らざりし事を語り、意見の交換を終り、西園寺公〔公望、元老〕には先松侯の意見のみを陳べ、公の意見を聞くべし、先方より問あらば始て伯、子両人の意見をも公に致すを可とせんと、伯より注意ありたりと云ふ。十日の日ならんか、松方正作〔正義二男、実業家〕葉山に来り、侯の意志を伝へ伯の帰京を促せりと。之に対し、今御心配ならざる方宜らん、愈加藤男〔友三郎〕辞退し紛糾せるときは自ら出京、努力を惜まざるべしとの意を答へられたりと。

廿一日午後七時半、東京駅発の汽車にて西下。成田栄信、中村嘉寿氏告別に見ふ。山之内よりは来客あり、来るを得ざる旨の電話あり。松方乙彦氏は幸次郎〔正義三男、実業家〕氏見送の為とて来りあるに邂逅せり。

七月二十二日　土曜

午前九時前、大坂着。

直に福徳生命保険会社に松方正雄氏〔正義四男、実業家〕を訪ふに不在。転じて第十五銀行支店に愛甲兼達氏を訪ふ。同氏の招に依り風月堂支店に昼食を為し、午後二時十四分発汽車にて神戸に赴き、盛正君邸を訪ふ。

午後五時発の紫丸に搭じ出発。商船会社より優待券を受けたり。

七月二十三日　日曜

午前五時高浜着。先着の中村副官、鈴木〔省吾〕県属、成田氏留守番刑事隅田隆正氏等出迎ひ呉れらる。

直に軽便にて松山に赴き、先城戸屋にて朝食を吃し、宮崎〔通之助〕知事の来訪を受け、正午前県庁の自働車を借りて道後温泉町成田栄信氏別荘に赴く。隅田氏夫婦懇切に接遇せらる。夫人は故相原四郎氏〔海軍大尉、飛行機事故死亡〕の令妹なりと云ふ。感慨不曳。

石手寺、石手川堤防等を散策。入浴二回。

七月二十四日　月曜

六時頃起床。入浴。

八時半過より県庁の自働車にて郡中に赴き簡閲点呼視察。

五色浜、義農作兵衛墓に赴く。少雨。

正午過、松山城戸屋に着。下痢二回。

昼食の後、一時過出発。川上〔親俊〕内務部長、岡〔尚義〕理事官、鈴木県属、高浜迄見送に見ふ。

門司行の汽船欠航との事にて、二時半発呉行の船にて出発。

六時頃、吉浦着。後藤〔権造大尉〕呉鎮副官の出迎を受け、直に長官々邸に赴き長官〔村上格一〕夫婦の懇なる接待を受く。

九時過辞して汽車にて出発。佐世保に向ふ。岡田〔啓介〕中将大臣推挙の咄あり。

七月二十五日　火曜
払暁下関着。直に山陽ホテルに入り休憩。此頃より風雨頗る強し。

伊地知正一氏の来訪を受け、十時前渡峡。船中に中原豊氏と邂逅。

四時前、帰邸。

第一艦隊の来廿八日関門海峡通過、昨今の新聞を賑はし居たるに、本日急遽海軍省より取止め希望の電ありたりと聞く。

猪之原〔薫一〕副官家族来訪。

夜に入り河田工廠長、牟田参謀長来訪。

山陽ホテルにて三回水瀉下痢。

夕刻、〔二字分アキ〕軍中佐来訪。

廿二日附鎌倉よりの妻の書状到着。

七月二十六日　水曜
出府。
午前、栃内艦隊長官来訪。
水交社にて散髪。
午後、福原伊勢副長来訪。
夕刻より伊集院少将、樺山、内倉、高橋三大佐来訪。

七月二十七日　木曜
午前十時過より市の招魂祭に赴く。本日新製の招魂碑、動物園の除幕式ありたるなり。

午後、百武司令官等来訪。

妻、姉、成合氏へ出状。

本日、横須賀鎮守府司令長官に補せられたる旨人事局長より来電。逸早く二、三の祝電着す。

七月二十八日　金曜
午前八時半より第三十一潜水艦巡視（新造到着の）。
退出後、安達大朝通信員来訪。揮毫。

牧野《〔ママ〕》龍太氏来訪、松尾翁信神の咄あり。
夜に入り野村大佐、次で伊集院少将来訪。

七月二十九日　土曜
来訪者多く、頗る閉口す。
夜、考課表調製。
十一時（夜）、揮毫を試む。

七月三十日　日曜
早朝、中橋某来訪、面会せず。
藤田〔益三、佐世保工廠造船部長〕造船少将、田中規三〔佐世保実業家〕、牧龍太、内田政彦、塩谷監獄長等来訪。
荷物を八雲に托す。

七月三十一日　月曜
本夜、所轄長以上及三等官以上招待、六十八名の内五十六名来会。
曾木重貴〔後に都城市長〕、乙守信吉両氏、都城北口地処買収の事に付来府、所有地三六〇坪の内、五四坪余評価の上の額三千百余円にて売上の事咄あり。
本夜、都城姉へ出状。評価は一畝三千五百円と云ふ事也。

八　月

八月一日　火曜
考課表認方、引続覚書も出来上り、午後は荷物片附を為す。
本夕は所轄長以上其他の送別宴に招かれ臨席す。
九時過、帰邸。

八月二日　水曜
転石貯水池、柚木村取水口の設計成り一覧す。
午後、市役所と要塞司令部を廻訪す。
鎌倉妻へ出状。

八月三日　木曜
午前十一時過着の汽車にて、栃内〔曽次郎〕新佐世保鎮守府司令長官着任、直に伺候式、引続等を終り、午後二時四十五分発汽車にて出発。

早岐の力武旅館に休憩。夕刻より佐世保在勤海軍将官七名、河田中将、伊集院少将、中川〔平八、佐世保病院長、軍医〕少将、宇土少将、木村少将、大内少将、牟田少将来会。対岸の観潮小楼にて会食。予を門司迄送り呉るべき中村季雄大尉も列席し、一同歓を尽し十時前退散す。

八月四日　金曜

午前一時三十分早岐発の汽車にて出発。

午前四時鳥栖駅通過の際、野崎熊次郎氏は令夫人並所員数名を同伴、態々駅迄見送り呉れらる。ベッ甲製烟草入其他菓物等を餞けらる。其親切に驚く。

午前七時半過門司着、駅楼上に休憩。朝食。

上海より入港の博愛丸は検疫の煩ありとの事にて、商船笠戸丸にて東上の事に変更す。十時過同船に乗組む。船長は先に台中丸船長たりし大倉氏なりき。

八月五日　土曜

午前十一時半神戸着、商船支店長、郵船支店長、黒川某出迎ひ呉れらる。次で山本盛正氏も来船。黒川氏の自働車提供を受け山本氏邸を訪ふ。

横須賀鎮守府副官松浦〔永次郎〕大尉船中迄の出迎を受け、是より同行横須賀に赴任す。

午後二時半過の汽車にて京都に赴き、大野盛郁氏〔元京都市助役、鹿児島出身〕の出迎を受け桃山御陵を参拝。

本夕、京都パラダイスに大野氏の招を受け晩餐を為し、十時過の急行に搭じ東上。

八月六日　日曜

午前十時過大船駅着。暑熱漸く烈し。

十一時六分発の汽車にて鎌倉に赴く。停車場に実、真幸及四郎、鉄道踏切に妻、両娘、五郎、辰彦〔六男〕出迎ひあり。武雄は葉山山本別邸を往訪せりとて不在。

午後、子供海水浴行に飼犬メリーを伴ひ、海岸にて逃逸す。警察に届出づ。

夕刻より涼気至り、本夜久振に流汗を見ず、安眠。

八月七日　月曜

今朝、横須賀鎮守府副官少佐中村寛来り迎へ、八時廿三分鎌倉駅発にて横須賀へ赴く。直に着任。

横須賀駅頭には海軍部内者の外一の迎ひ人もなきは、流石は都近くにて褥礼を避くるものならんも、佐世保に比し余りに其対照の著き感なきを得ず。

山屋前司令長官より府務引続を了し、同大将は十時過に退庁。

午後二時頃より長官官邸に山屋大将を訪ひ、更に口頭引続あり。妻も同時刻より同官邸に山屋令夫人を訪ひ、前例等聞取る処あり。

三時半頃より自働車にて葉山に摂政宮殿下に伺候。

終て山本別荘に立寄り、六時鎌倉に帰着。

八月八日　火曜
午前十時十五分横須賀駅発の山屋大将を見送りたる後、出府。
午後三時十五分発にて帰鎌。
本夕、金丸〔延治郎〕機大佐を招き、岩佐〔尚一、海軍造船〕大佐へ家賃渡の事を相談。

八月九日　水曜
午前八時二十二分鎌倉駅発、出府。

午前、長野〔準四郎陸軍中将、東京湾〕要塞司令官、奥宮〔衛、横須賀〕市長、射撃学校長〔砲術学校カ、吉岡範索中将〕を答訪。

午後一時、中野〔直枝〕第三艦隊司令長官を旗艦日向に回訪。

午後二時、航空隊に於ける菅沼〔忠正、横須賀航空隊付〕大尉、平石一等兵曹の葬式に参会し祭文を読む。

了て自働車にて帰鎌。四十分にて鎌倉着。

島津公別邸を訪ふ。

島津男爵家々令龍岡篤敬氏辞職の事に付、島津家並龍岡家令より来状。

八月十日　木曜
朝八時過、自働車にて出発。
九時少過、鎮守府着。
飛行船焼失原因調査委員長山内〔四郎〕少将、大学の博士達同伴来府。
午後三時十五分発にて帰鎌。

八月十一日　金曜
午前八時三分発汽車にて上京。武雄、実、袖長〔愿〕等

は横浜へヨット買入の為め同列車にて出張。

副官両人は予の乗車しあるを発見し得ずして、大船にて一旦下車、後れて着京。

十時前海軍省に大臣を訪ひ、軍令部長〔山下源太郎〕、次官〔井出謙治〕等と交話の後、参謀総長〔上原勇作〕、東郷元帥を訪ふ。

島津男邸を訪ひ、堤吉次氏を後継家令に然るべしと推挙しおけり。

参内、又各宮家を伺候し、御礼を上る。

〔補遺〕

英子墓に詣で、三光邸、山本家にも立寄り、午後四時五十分品川発の列車にて帰鎌。徳富猪一郎氏と同車。

八月十二日　土曜
午前七時過の汽車にて先逗子に到り、警察に失踪犬メリーの事を依頼し、村上大将を訪ふ。
八時過横須賀へ赴き出府。

八月十三日　日曜
今朝より横須賀へ引越しの準備に掛りしが、十二時に至り漸く整頓。

十二時四十八分発にて出発。

二時過漸く昼食を為す。

四時過歟、逗子警察より電話あり、メリーを発見、留めある旨の通知に付、武雄、実、直に受取に行く。

八月十四日　月曜
出府。

八月十五日　火曜
〔記述なし〕

八月十六日　水曜
〔記述なし〕

八月十七日
出府。
正午着の列車にて出京。
〔東伏見宮〕依仁親皇〔王〕殿下の五十日祭に付、権舎に参拝。
帰途、日本製鋼所に田中〔盛秀〕氏を訪ふ。

五時過、帰邸。

八月十八日　金曜

退府帰邸すれば、葉山より山本家孫女等来遊中。

夕刻、自働車にて葉山迄送り返す。

八月十九日　土曜

午後、妻児同伴祖師堂、諏訪山公園に散歩。暑熱頗る酷烈。

四郎昨日東京にて飲食せるもの障りたるらしく下痢悪し。

本夜、腸の洗浄。真幸は昨日来大に快復。

本日より児童を伴ひ富士登山の筈の処、二女児、実は遊意なく、真幸、四郎は前記の如く病気に罹りたるを以て、断然登山を取止む。

八月二十日　日曜

午後、妻児を伴ひ衣笠公園に遊ぶ。

八月二十一日　月曜

午後、桑島〔省三少将〕水雷学校長来談中、不知不識睡眠に陥りたるは慚愧なりき。

小栗氏に廿四日来駕を望む旨返書。

三時過帰邸すれば、妻児葉山に行けりとて、四郎のみあり。

八月二十二日　火曜

午前十時より機関学校長〔平塚保機関中将〕、砲術学校長〔吉岡範索〕を答訪し一覧。

樺山伯へ返書。

夜に入り相模海沿岸に打寄する巨濤の音轟々として聞こへ、荘厳の感湧起す。

八月二十三日　水曜

一昨日来小笠原島附近に発起せる七二〇密の低気圧北西に進み、其影響とて時々雨を降らし（昨日来）、暑気緩和す。

午前、田中盛秀氏来訪。

午過、〔東京湾〕新要塞司令官国司伍七中将来訪。

姉に出状。

夜半より強風雨と為る。

八月二十四日　木曜

夜来の強風雨、午前十時頃最高点に達す。大風の中心は此頃駿河湾附近を北進せるものゝ如し。気圧七二二密、風力二十米以上に達すと云ふ。無線電信柱一本折断、通信不能と為れり。父島の無線柱は昨日、又船橋のは同空中線本日切断、共に通信不能と為れりと云ふ。

十時過出発の元要塞司令官長野中将を停車場に見送る。

午後、小栗中将来訪。

本夜、中村副、成合氏に各書状を認む。

八月二十五日　金曜

降雨断続。

午前、文官進級増俸会議。

午後、生駒の砲塔取脱し方作業、入渠中の五十鈴、安宅を一瞥す。

川井田藤助〔海軍兵学校教授〕、伊集院俊、山屋他人氏へ出状。

八月二十六日　土曜

夜来の降雨激甚に付、本日の御殿場行決行を疑ひ居りたるに、問合の結果断行すとの事に付、予も一時過の汽車にて出発。

大船にて主人側の樺山伯、被招待者伊集院彦吉、大久保利武、田中盛秀四氏と会合。箱根越は長尾峠附近道路破壊との事にて断念。宮の下より引返し、汽車にて御殿場に至る。

八時頃、樺山邸に着。

八月二十七日　日曜

午前、樺山邸附近を散歩。

午後、主客五人自働車にて山中湖方面に赴き、赤星氏別邸を見る。

夕刻帰る。

樺山別邸には伯夫人母子、川村〔純義大将〕伯後室〔はる〕滞在中にて咄はづむ。

八月二十八日　月曜

午前十時廿五分御殿場発、西下。

昼過静岡着、道岡〔秀彦〕知事の迎を受け県庁に知事を訪問す。

静岡城内、機械製茶所等を巡覧。

四時過の列車にて浜松に赴き、大米屋に一泊す。

八月二十九日　火曜
午前六時起床。

八時前出発。浜名郡長〔倉元要一〕等と同車、見附の磐田郡役所に於て施行の簡閲点呼に臨む。点呼官は安野中佐なり。其夕〔ママ〕、遠生の講話は頗る面白し。

小学校の家康の浜松城内に於て用ひたる軍鼓なるものを見る。

十一時過浜松に帰着（道野〔岡〕知事等同車）、型染工場、楽器製作所、次で浜松城跡を見る。

二時過、浜松発特急汽車にて帰京。

八時前、三光邸に入る。成合、曾木二氏、又伊集院俊氏来訪。

今田氏、餅原世話し呉る。

八月三十日　水曜
午前五時半起床。餅原の朝食を喫し、八時前海軍省の自働車にて千住の第二小学校に赴き、簡閲点呼を見る。藤木〔利三郎、横須賀人事部部員ヵ〕少佐点呼官なり。二十三名中一下士官なり。又志願兵僅一人なるは東京附近の特色なりと云ふ。
十一時半品川発にて帰横。
去廿六日カムチャッカ西岸オゼルナヤ沖に於て顚覆せる新高に関し、廿七日横発の無電本日始て着。大臣の訓令に依り、直に八雲の派遣準備に着手す。

八月三十一日　木曜
午前一娘三児を伴ひ、観音崎灯台見物に赴く。附近の風景特〔ママ〕水辺の良砂浜に児童の喜ぶ事特の外なりき。
午後三時より八雲を巡視。同艦は本夕迄に準備整ひ出港。十二節にて五日中に「オゼルナヤ」着の筈。
七時半発の列車にて豊子、実同伴出京。逗子にて無遠慮に乗客が汽車の停車と同時に進入し来り、山本家幼児等の下車を不能ならしめんとするを見、不思癇癪玉破裂したるは、後に至り大人気なかりきと感じたり。

九　月

九月一日　金曜

朝、実同伴麻布中学に出校。担任教師鈴木〔長利〕先生、次に清水校長に面会。当人の性癖と思ふ点等を縷述し、可然指導方を依頼しおけり。

帰途、台町に山本大人を訪ひ、次で自邸に中村嘉寿氏の来訪を受け緩談。

午後在宅。片附方等に忙はし。

九月二日　土曜

両児の登校を送り、九、二五横須賀着列車にて帰府。

武雄の学友川上鉄太郎氏来宿中なりき。

九月三日　日曜

終日在宅、考課表認方等。

午後、造兵部長吉田太郎〔造兵少将、横須賀工廠造兵部長〕、会計部長牧三郎〔良〕氏〔横須賀工廠会計部長、主計大佐〕、次で高木平次中佐〔水雷学校教官〕来訪。

妻は豊子、実同伴、六、五五分発列車にて上京。

九月四日　月曜

八時半より建築部並工事場を巡視。〇、三〇分帰府。

古川人事局長来府。

本日左の払を為す。

　佐世保市へ　四月―八月迄の戸数割五十金円

　杉山回漕店へ　三十三円四十八銭

　佐水交社　十三円六十銭

九月五日　火曜

南風強吹、涼気加はる。

午後、海兵団に於て挙行の聯合水泳競技に臨む。

妻へ出状。病院へ五円二十銭を納入せしむ。

九月六日　水曜

午前、海兵団、軍法会議、海兵家族共励会巡視。

夕刻、児童同伴、ヤット繋留場迄散歩。

夜、四郎足痛に苦む。

妻へ出状。

九月七日　木曜

午前九時より部長、基本長会報。凍肉腐敗の問題議論に花咲くの感あり。

午後、工廠長〔藤原英三郎少将〕より職工淘汰の案なるものに付、聞くところあり。

武雄葉山より帰る。

夜来四郎足痛に付、朝病院に赴き受疹《〔ママ〕》せしむ。

九月八日　金曜

午前九時より佐官尉官の進級会議。三時半終了。

四、四五発の列車にて真幸、五郎を帰京せしむ。袖長同行。

九月九日　土曜

午前退出の途、要塞司令官〔国司伍七〕を答訪す。

午後、妻、実東京より来横す。

九月十日　日曜

暑気少々盛り返すの感あり。

午後三時より在港部内、部外主立者を招き園遊会を催す（披露の意味を以て）。

四郎の足腫物一部に限局するに至りたるも、今明日が頂上にあるものゝ如し。依て昨日来横の妻は本日の帰京を見合せ、雪女を帰京せしむ。

九月十一日　月曜

午前九時半、生駒を訪ふ。同艦は解毀準備の為佐世保へ向け本日出航するものなり。

正午前、鹿児島県撰出の津崎〔尚武〕代議士来訪、墨国マグデレナ湾附近油田礦区企業の事に付咄あり。

正午過、山城の〔久邇宮〕朝融王殿下御来府あり。次で同艦乗組中の候補生八、九名来府に付、健康快復に要する自奮の要を説示しおけり。

来十七日は二十七八年戦役紀念日にて在横を要するを発見せるを以て、本夜山之内氏へ出状。

九月十二日　火曜

出勤の途、四郎を病院に伴ふ。

夕刻武雄、喜代子帰京す。明日学校始業の為也。

九月十三日　水曜

広瀬豊中佐〔海軍大学校選科学生〕の教育調査（秘書）を面白く読む。六十余人の准士官以上の調査に、

酒煙不用者　三分一

無趣味と自称するもの　1／3

而して次官士官の方が士官室士官より趣味豊なる事、読書も多き事は可注意。下士官兵は酒煙不用者過半なる事も一驚に価すべし。

夕、揮毫を試む。

四郎を入浴せしむ。

九月十四日　木曜

田戸舟溜に繋留しありたるヤットを保管方海兵団に依頼し、本日引き行けりと云ふ。

鎮守府の自働車修繕了り使用を始む。

九月十五日　金曜

午前、病院、次で港務部巡視。

正午過、白川〔義則陸軍中将〕第一師団長来訪。午後三時砲兵監鈴木孝雄〔陸軍〕中将も来訪。

伊豆湊病院施設視察に赴ける参謀長〔山梨勝之進少将〕帰着、出府。

ヤットを海兵団に引上。

九月十六日　土曜

防備隊の巡視。

九月十七日　日曜

正午水交支社に於て開催の黄海々戦紀念会に臨む。上泉〔徳弥、予備中将〕、釜屋〔忠道、予備中将〕、長井〔群吉、予備少将〕等の諸将も出席、賑ふ。

午後四時発の汽車にて妻児同伴上京。

夜、錦水に於ける松木、村上両氏の晩餐に出席、山之内、樺山、日比企、伊東米治郎氏出席。

九月十八日　月曜

午前、伊集院俊氏来訪。

午後一時過より第一師団長を答訪。次で横浜に神奈川県知事〔井上孝哉〕を訪ひ、夕刻帰横。

郡役所下の床屋に行き散髪。

九月十九日　火曜
午前九時より防備隊巡視に赴く。
午後、特務士官進級任用会議。夕八時に至り終了。
夕刻、斎藤真造機少将来訪。
本日より牧野二機兵来宿。

九月二十日　水曜
九時出勤。
本日より袖長従僕として出勤す。

九月二十一日　木曜
午後、海兵団に於て挙行の潜水競技を見る。

九月二十二日　金曜
午前十時過、航空隊に赴きスウィフトより魚雷発射を為す試験を見る。小牧大尉〔猛夫、横須賀航空隊付〕操縦好結果なりき。
岩佐氏より家賃を受取り、植木屋、硝子戸直し代として十一円六十五銭を返す。
夜、岩辺〔季貴機関少将、横鎮〕機関長の来邸を需め、進級候補者に関する意見を聞く。

九月二十三日　土曜
午後三時十五分発の汽車にて出京、帰邸。
本夜慶応にて開催の活動写真見物に行けりとて、第二、三、四児十二時前迄帰らず。
帰邸時、竹崎氏来訪しあり。

九月二十四日　日曜
午前、山本大人を訪ふ。
午後、袖ヶ埼島津公邸に於ける例年祭に出席。帰途、名和大将を訪ふ。不在。
夕より松方乙彦氏来訪。本日上原総長鎌倉停車場にて松方公の在否を乙彦君に尋ねたりと云ふ事、同総長が本日の祭典に出席せざりし事、浦塩の兵器を支那へ渡したりとの新聞報ある事は、又々陸軍省が何等か小策を弄しあるに非るやを思はしむ。
先に山内多門氏〔日本画家、都城出身〕に依頼して出来たる八田翁歌軸物を受取り代価を払ふ。

九月二十五日　月曜

午前七時五十二分品川発にて帰横。

横浜来泊中の伊艦リビア艦長〔ブルザリ〕外士官九名を官邸午餐に招く。

日仏協会編纂のジョッフル元帥伝〔Joffre,Joseph Jacques Cesaire、フランス軍総司令官、陸軍〕を面白く読了す。

九月二十六日　火曜

午前十時、山城に乗艦、第三回基本演習視察に出掛く。正午出港。行々演習部隊を輯集、館山に入泊。潜水隊、駆逐隊の碇泊艦襲撃演習。十一時頃に及ぶ。

九月二十七日　水曜

早朝出動。対抗演習等を為し、夜に入り館山に帰港。

九月二十八日　木曜

演習部隊は午前八時前館山湾発、潜水艦機雷に対し警戒航行を為し横須賀に帰港。正午過迄航、帰府す。

夕刻帰邸すれば、妻、国許姉上、島津恭子〔久厚の母〕殿等より各々来書あり。

九月二十九日　金曜

出府。例の如し。

正午前より帰邸。仏国大使クローデル〔Claudel, Paul〕、ボンマルシャル通訳官、某領事、大使館附武官等を迎へ午餐を饗す。神奈川県内務部長〔松原権四郎〕、桜井〔省三、海軍造船大監、工学〕博士、三枝某、小栗又一氏〔小栗忠順子孫〕等亦列席。

二時過、諏訪山公園に於ける小栗上野介〔忠順〕、仏人ベルニー〔François Léonce Verny、幕末に来日し横須賀製鉄所を建設〕両氏の胸像除幕式に臨む。

九月三十日　土曜

午後一時半より富士の甲鉄鈑取脱作業を見、次で鎌倉に伊瀬知〔好成、陸軍〕中将邸を弔問。松方公を見舞ひ、鎌倉駅より上原元帥と同車、快談を交へ帰京。

須田国雄氏〔利信養子、造船技師、島津家相談人〕来訪。

十　月

十月一日　日曜
午前、豊子同伴、聖心女学院に Madame Marcel〔Mcshane カ〕を訪ひ、豊子を語学部第七級へ収容方を依頼を為す。
午後三時過山之内氏を訪ひ、帰途伊集院俊氏をも見舞ひ、夜に入り帰宅。
中村嘉寿氏の来宅を乞ひ緩話、山之内氏の事抔を相談し、安楽、樺山両氏にも電話を以て或申込を為す。

十月二日　月曜
〔記述なし〕

十月三日　火曜
午前八時過、三光の邸を出で、上野より乗車、水戸に赴く。
一時前、水戸着。守屋〔源次郎〕知事、岩元〔禧〕内務部長、鈴木〔新之丞陸軍少将、歩兵第二七〕旅団長等の出迎を受け、公会堂に於ける知事の午餐に臨み、県庁を訪ひたる後、講〔弘〕道館跡、次で烈公〔徳川斉昭〕の社に参詣。偕楽園、好文亭等を見、四時過の汽車に搭じ土浦に向ふ。
土浦桜井旅館に一泊。竹下中将〔第一艦隊司令長官〕、山崎〔位、横鎮経理部長〕主計少将等先づあり。十一時頃迄竹下氏と緩談。

十月四日　水曜
午前六時起床するに降雨あり。
八時過旅館を出で、湖岸より発動機船に乗じ阿見の航空場へ行く。
センピル大佐〔Forbes Sempill、イギリス空軍将校〕のバイキング機飛行、上野大尉〔敬三、佐世保航空隊付〕の空中射撃を始め、五機の編隊飛行等頗る賑也。田代〔田尻唯二カ、霞ヶ浦航空隊司令〕少将の案内にて場内各部を巡視。隊内にて昼食。土浦センピル大佐宅に於ける茶に臨み、四時過の汽車にて帰京。

十月五日　木曜
午前九時半、鎮守府に帰着。
夜、篠崎人事部長の来邸を求め、人事に付聞取るところあり。
八時過ならん、突然竹崎一二氏東京より来訪、酒気少く
進むに従ひ気烟《ママ》大に昂り、午前三時頃に至り帰去。
二時頃強震あり。

十月六日　金曜

午前九時半より検閲開始と誤信し居り、出発時刻十分後
る。
榛名検閲（午前、艦長は小山〔武〕大佐）。
朝来少雨を交ふ風強し。
センピル大佐夫婦は明日差支あり来横断り来れるに付、
コルビン大佐〔Colvin,Ragner M.、イギリス海軍将
校〕の方も延期せられたき旨申送れり。
妻より昨日の二書来る。国許姉上より金員世話すべき通
知来れるもの〻如し。
河田中将、稲元氏に出状。

十月七日　土曜

午前、北上検閲。
夕刻より出京。

十月八日　日曜

朝、竹崎一二氏来訪。
正午前、井上元帥を訪ふ。家庭児孫の面倒事にて痛く心
労せられ居るを語られ、同情に堪へず。
昼過、山路中将の家族鎮海より帰着。
妻、昨日来風邪臥床中のところ軽快。
児女虎列刺バクチン注射（向山少佐来車し呉れらる）。

十月九日　月曜

午前七時五十三分品川発にて帰横。竹下氏も同車。
九時半より准士官任用会議。午後二時迄連続。
本夜、伊集院俊氏来訪、一泊帰京。

十月十日　火曜

午前、山城検閲。
午後、鎮守府に於て要務を見、三時十五分発汽車にて出
京。
本夕、築地田中屋に於ける山下亀三郎氏〔山下汽船取締
役〕の小宴に臨む。岡田、井出、加藤の三中将、山本英

輔、野村の両少将、今岡〔純一郎、浦賀船渠社長、工学〕博士もあり。

十月十一日　水曜

午前、名和将軍を訪ひ、夫より有田氏、山本英輔氏邸を訪ひ、帰途（午後）山本伯邸を訪ふ。先日久邇宮伺候の事、昨日安楽氏来訪等の咄あり。

西公〔西園寺公望〕、公卿としては傑出せるも、国務の上に於ては推重するに足るものなし、但し元老の位置にも居らるゝ事ゆへ、普通の考を以て云へば、訪ねて意志の疎通を図ると云ふ如きも可ならんかなれども、自分は夫丈の価値なきものと認め居るを以て、今日の場合軽動するを欲せずと、安楽氏に真の意志を語り置けりとの事なりき。先に宮中重大事件ありたるとき、予が何等か黒幕として行動せりとの誤解を公が有するが如きを以て、此誤解は解き置くの要を認め居れりとの咄なりき。

十月十二日　木曜

午前九時より出省。

十一時半参内、奉伺天機。

総理大臣〔加藤友三郎〕の午餐会に列し、出京者を代表し御礼挨拶を為す。

午後、各宮家を奉伺。

夜十二時過迄会議書類整理。

十月十三日　金曜

〔記述なし〕

十月十四日　土曜

午前九時より四時迄進級会議。

宮殿下の事は申すも畏し。東郷元帥の始終沈黙にて通さるゝも左る事ながら、山下軍令部長の元帥にも劣らざる無言の業、又名和大将等の論説も余り聞くところなきは聊か物足らぬ感あり。井上元帥は児孫の間の紛議の為、又島村〔速雄、軍事参議官〕大将は脳出血の疾病の為出席を見ざるは共に淋し。

十月十五日　日曜

午前九時より四時前迄進級会議。

夕、水交社に於ける海相の晩餐（純海軍）に参列、来会人員百名に垂んとす。

十月十六日　月曜

午前十時より進級会議。

午後は大臣室に於て司令長官以上会同、大佐級の進級淘汰相談あり。

此会談に多時を要し五時に及び、而して将官以上の事は未だ腹案成らざるの故を以て、其片鱗をも示さゞりしは故意らしくも推量せられたり。

夜、山本英輔氏、山路氏来訪。

本日午後二時島津忠弘男〔鹿児島島津家分家〕の葬儀には、会議の為参会するを得ず。

十月十七日　火曜

午前八時四十分出発、中村副官、武雄、五郎、辰彦同伴、上野の帝展を至り見る。

帰途、眼鏡店中村、三越、服部及美濃常に立寄り、正午前帰邸。

午後、松方乙彦夫婦始め児女四人、野間口氏、次で村上貞一氏来訪。

夕刻、山本大人を訪ふ。

夜、山本英輔氏来訪。

十月十八日　水曜

朝、海軍大臣を訪ひ、近年麾下たりし将官の事に付陳述するところあり。

又建築部長〔西尾虎太郎〕、法務長〔吉村幹三郎〕等新陳代謝の必要を申し陳べおけり。

市来〔乙彦〕蔵相を訪ふ。不在。

東郷元帥、松方乙彦氏邸をも歴訪。

十月十九日　木曜

午前七時二十分頃より発、越谷御猟場に鴨猟の為赴く。

予は二回にて七羽を獲、本日の最多獲なりき。

十月二十日　金曜

朝、帰横。

午前州〔洲〕崎、午後尻矢検閲。

海兵団の退団式に臨む。

十月二十一日　土曜
夕刻より上京。
山之内、伊集院氏来訪。村上貞一氏も一時前辞去。

十月二十二日　日曜
本夜、中村嘉寿氏石川半山〔安次郎、新聞記者〕を伴ひ来訪。
午前散髪の為外出の外、終日在宅。
午後、山下亀三郎氏来訪。

十月二十三日　月曜
終日在宅。倉中の整頓を試む。

十月二十四日　火曜
午前七時五十三分品川発にて帰横。国司要塞司令官同車す。
横須賀着の際、久邇宮両殿下も御乗車なりし事を知る。
午前、榛名に焚火競技を見る。
午後、一般会報。
夕、南洋、北洋等より新に帰着の艦長等を晩餐に招く。
平野〔勇軍医少将、横鎮病院長〕軍医長より発汗剤を貰ふ。

十月二十五日　水曜
〔記述なし〕

十月二十六日　木曜
夜来豪雨。
英大使館附武官コルビヌ大佐夫婦、センピル大佐夫婦、雨を冒し来横、官邸の午餐会に列す。此頃より霽る。時間過少の為、三崎半島ドライブ出来ず。本日の午餐には妻、娘も来会す。
武雄、喜代子、実は夜に入り帰京。
センピル大佐は昨年来高等飛行術教授の為め来朝しあり、明日出発帰英の途に上るものなり。

十月二十七日　金曜
午前、兵棋演習に臨み見る。
本日風力強し。

十月二十八日　土曜
午後、走水に於ける十二吋砲陸揚げ作業を至り見る。
辰彦夜来少発熱の為、本日の出京は取止む。

十月二十九日　日曜
辰彦の気管支加答児益々悪く、本夜発熱三十九度以上に及ぶ。
午後、真幸、四郎を伴ひ、佐久間国安翁〔元海軍機関大佐〕経営の百菓園を到り見る。
帰途、馬門山の墓地に立寄る。

十月三十日　月曜
実両友人を同伴、軍艦見物の為来る。
辰彦の病気宜らず、終日在宅。
夜に入り奥宮市長邸を見舞ふ。

十月三十一日　火曜
午前九時四十五分より御写真拝賀式を為す。従軍記章綴りを東京に置きたるため、外国勲章、赤十字記章等にて間に合せたるは失体と云ふべき歟。
午後一時二十五分発にて出京。三光邸に立寄り、夫より五時開会の工業倶楽部月例晩餐会に招待を受け至る。団〔琢磨、三井合名理事長〕、和田〔豊治、富士紡績社長、貴院議員〕、浅野〔総一郎、浅野セメント創業者〕、山下亀三郎氏等を始め斯業界の識者多く出席しあり。
八時十五分中央駅発にて帰横。

十一月

十一月一日　水曜
夜来の降雨漸次募る。
正午過、朝融王殿下御来府、伊勢へ御転乗の為、本日山城御退艦の御挨拶あり。停車場に御出発を送る。
夜に入り岩佐尚一氏来訪。
次で広瀬豊中佐来訪。今日迄の我海軍教育規則に l'esprit de corp の欠け居たりとの説は面白し。

十一月二日　木曜
好天気と為る。
欧州出張より帰朝の野村千助主計少佐〔経理学校幹事兼

教官〕来府、披露あり。Welfare Ecomony の講釈、支那の偉大なる将来に関する所感を聞く。

辰彦の疾益々良好に赴き、昨夜来氷枕を已め本日の最高体温は三十七度五分なり。

夜に入り万朝報の記者百瀬要なる人来訪、朝報社の社債応募の勧告ありたれども、絶体に謝絶す。

十一月三日　金曜
〔記述なし〕

十一月四日　土曜
午後一時過の汽車にて上京。
午後四時廿五分、石川島造船所に於ける第十号駆逐艦の進水式を為す。
本夕、伊集院俊氏来訪。

十一月五日　日曜
午前十時過より日比翁輔〔助〕〔三越呉服店創業者〕氏を訪ひ戦塵余材を見、午後二時前に到る。

山本邸を見舞ふ。

午後三時過、村上貞一氏来訪。

竹崎一二氏は外出途中にて会合、四橋迄同道。

本夜、松方乙彦氏邸の晩餐に列す。馬場医師もあり。

十一月六日　月曜
九時前横須賀着の汽車にて帰り、航空隊検閲。
午後、鎮守府に出務。

十一月七日　火曜
午前七時発の汽車にて伊豆加茂〔賀〕郡竹麻村湊海軍療病所建築地視察の途に上る。平野軍医長、西尾建築部長、今泉〔利清少佐〕参謀同行す。大舟より竹麻村長土屋〔由助〕氏同車しありき。
正午過大仁着。直に自働車を雇ひ下田に向ふ。天城山の紅葉三、四分にて頗る景色宜し。四時前下田の平野屋旅館に着。
本夜閑に乗じ、曽呂利新左衛門の活動影画を見る。面白し。

十一月八日　水曜

六時過、起床。降雨（予期を裏切る事甚し）。八時過自働車にて竹麻村湊へ向ふ。療病所敷地、建築場巡視。十時に強雨。

十一時前小学校に至り有志者、生徒等に一場の講話を試み、校庭に植樹を為す。

紀伊国屋にて入浴、午食。午後各温泉湧出地、岩崎氏の噴湯場等を見、夕刻、下田平野屋に帰投。

本夜、加茂郡長〔賀茂郡長、永見勝吉〕、町村長其他諸有志の招を受け寿屋に於ける饗宴に臨み、一場の講話を試む。

帰館後揮毫。

十一月九日　木曜

午前八時十五分下田発、自働車。九時三十分天城の峠に着。狂句あり。

　天城山はつと云ふ間の紅葉狩り

十一時半過、大仁着。十一時廿九分発の電車にて帰途に上る。

十一月十日　金曜

午前九時出府。八雲の練習生卒業式には山梨参謀長参列。

十一時過、日進に中野第三艦隊長官を答訪。

午後、高崎検閲。

山崎経理部長一昨日の予の狂歌に附加して、

　天城山はつと云ふ間の紅葉狩

　　青くなつたり赤くなつたり

第一期所得税並に之に対する長崎、神奈川両県の附加税、佐世保市附加税を納入す。

十一月十一日　土曜

各軍港市等の為の助成金問題閣議にて決定せりとて、高橋〔孫作〕市会議長及市助役〔国友徳芳〕挨拶の為来府。

細川長八氏、浦賀に行けりとて来訪。

午後一時廿五分発にて出京。天城より齎せる石楠植樹の為に早退せるなり。

十一月十二日　日曜

午前七時過、起床。

有田正盛、龍岡真人、日比野貞恭、富田愿之助、（下田町長、伊東町長以下五人）等来訪。山本英輔氏も来訪。

夜に入り山之内一次氏来訪。

十一月十三日　月曜

七時十三分品川発。鎌倉に下車、別邸を見舞ふ。昨日岩佐氏引越し去れる為なり。

九時廿五分横須賀着。

午後、第四十六潜水艦検閲。

本夕、山崎主計少将、篠崎少将並山梨少将を招き晩餐を共にす。

十一月十四日　火曜

午前、三笠、富士恒例検閲。

正午過、山中柴吉氏〔予備海軍中将、住友伸銅所長〕来訪。

本夜電話にて奥宮市長へ篠崎氏の女学校長は如何と咄し試みたるところ、同感なりとの答なりき。

十一月十五日　水曜

午前、戦艦水面下魚雷爆破耐力試験物見に工廠に赴く。

午後二時より袖長を同伴、鎌倉に赴き別邸の畳損害の模様を見る。

本夜、山中住友伸銅所長の招に依り、海浜ホテルの晩餐に列席す。

十時過、帰邸。

十一月十六日　木曜

午前、水交社に於ける小林〔躋造、駐英武官〕少将（英国より新に帰朝）の講話を聞く。

井出次官、山本少将等来府。次官より淘汰予定の顔触に付聞くところあり。

夜来降雨。気温下り、東京に於ては正午三九度と云ふ。

十一月十七日　金曜

午前、第六駆逐隊恒例検閲。本隊は新に第三艦隊附属より帰投せるなり。

午後、部長、基本長会報。

十一月十八日　土曜

午前、青島検閲。

午後二時三十五分発にて出京。車中にて金丸大佐と会合、亀井氏〔凱夫ヵ〕と別邸交渉の事を依頼す。

本夕、四郎の受持教師大谷〔恒郎、慶応幼稚舎〕先生来訪、同人の学校に於ける成績、挙動等に付詳細聞知するところあり。

武雄、中川茉莉子なる人との婚約を為さんと欲するの希望を始て聞く。

夜に入り、伊集院俊氏来訪。

十一月十九日　日曜
堤可広、有田正盛、神田豊氏等相次で来訪。
後三時過、台町を訪ひ、山路氏も淘汰人員中に決定せられたりとの事を聞込める事を告ぐるところあり。已を得ざるべしとの事に帰着。
帰途、船越中将新居、長谷川氏住宅等を視る。

十一月二十日　月曜
午前七時五十三分品川発にて帰横。井出次官も同車。鎌倉を過る頃より南方強疾風砂塵を捲くを望見す。
本日の潜水艦防禦網試験取止と為る。
二、三小舟難破の報に接す（不時の突風襲来の為）。
午前十一時、浦賀造船所に於て挙行の駆逐艦第八号起工式に臨む。珍しき盛なる起工式なりき。

十一月二十一日　火曜
寒風強し。

八時半、辺〔逸ヵ〕見の新運動場開に臨み、一場の話を為す。

十時十五分発出京。

妻、娘三人並山本清夫人を同伴、観菊御宴に参会。始て皇后陛下の御列に随従して宴会場に上るの栄を担へり。

十一月二十二日　水曜
終日在邸。
夕刻に近き、国都鉄道運動の為上京中の中馬〔太平次、宮崎県児湯〕郡長、池袋県会議員、県理事官、山下政友会支部長、石原氏等来訪。

十一月二十三日　木曜
朝、散髪。
終日在宅。花壇手入等。

夕刻、木下〔国明〕主計大佐、次で中村嘉寿氏来訪。

七時半、有田氏を訪ひ、八時半品川発にて帰横。

十一月二十四日　金曜

午前八時四十五分病院に先着、九時前着の侍従武官〔松下東治郎〕を迎ふ。病院高等看護術練習生卒業式、終りて海兵団に於ける高等科信号術練習生卒業式に臨む。

午後三時十五分横須賀発、鎌倉別邸を見舞ふ。亀井氏祖母君引越準備の為め来邸中にて面会。屋敷廻りの事、残留品等の事に付語りおけり。

本夕官邸に於て、今回転勤と為る今泉参謀、松浦副官等の為晩餐会、幕僚出席。

十一月二十五日　土曜

登府。

午後三時十五分の汽車にて出京。

本夕、山之内一次氏を訪ふ。

十一月二十六日　日曜

終日降雨。在宅。

午前、久野工少将〔横鎮経理部長〕来訪。次で龍岡真人氏も。

夕刻、亀井凱夫氏〔海軍中尉〕来訪、同氏は一昨日鳳翔に転勤せりと云ふ。

十一月二十七日　月曜

午前七時、自働車にて中村副官と三光私邸発、八時前上野駅にて山階宮武彦王殿下を奉迎、霞浦航空隊の卒業式に御供す。夕刻、御供にて帰京。

本夜、姉上に出状、北口地所処分三策（第一、水間に譲る事、第二、自己経営とし水間にも幾分貸す事、第三、第三者へ譲り渡す事）を申送り、又調査通知を求めたる事あり。

十一月二十八日　火曜

正午、赤坂御所に於て御催の山階宮武彦王殿下御婚儀御披露の午餐会に妻同伴参列。

午前武雄に、最後の決定（マリー嬢との結婚）は調査材料備へ台町に御咄したる上為すに付、エンゲージリングは其上にて送れよと懇諭しおけり。

午後二時過帰邸。堤可広氏来訪、龍岡篤敬氏相談人の事、慰労金給与時期の事相談あり。

夜、横須賀へ帰投。姉上の書面来り居れるに付、直に答書を認む。

本夕、老女帰邸しあり。其母、去土曜日遠逝せりと。

十一月二十九日　水曜

近来珍しき好天気。田浦背後連山紫色を被り、気自ら爽然たり。

水雷学校に於ける砲、水両学校卒業式に台臨の博恭王殿下も特に御機嫌麗敷拝したり。余は海軍大臣代理として参列。

妻に出状、昨夜着の姉の書面も封入しおけり。

老女に香花料として三円を贈る。

十一月三十日　木曜

［記述なし］

十二月

十二月一日　金曜

［記述なし］

十二月二日　土曜

午後二時半発の列車にて出京。帰邸。樺山可也氏〔少将、横須賀防備隊司令〕と同伴。

十二月三日　日曜

午前九時過、台町を訪ふに、山本大人は折悪く葉山行不在に付、予及妻より、武雄が中川茉莉嬢と恋愛に陥り、終に婚約を為すに到れる始末、並中川家に付調査し得たる事項等を母上に御咄し御賛成を求めたり。的確たる御賛成の語は聞くを得ざりき。

午後一時、山下弥七郎氏来訪。

夕より富士見軒に於ける白川〔義則、陸軍中将〕、星野〔庄三郎陸軍中将〕、新旧航空局長の招待宴に赴き、来賓を代表し礼辞を陳ぶ。

帰途、岡田中将と塩町迄歩み、小栗中将の運命に関する中将の観案をも聞けり。

十二月四日　月曜

午前七時過、台町に山本大人を訪ひ、武雄の茉莉嬢関係の事を報告し御賛成を仰ぎしに、案外の御機嫌にて賛成を得たり。但し、嬢の健康心配なくば、又断髪は止むるの必要ありと思ふ等の御咄あり。

八時三十三分品川発、帰横。車中にて竹下中将に、小栗中将の事、樺山少将を艦隊参謀長の事等を咄す処あり。

今夜八時過就寝せるに、九時頃来電。

　三二〇〇ニテ、ミツマトケイヤクシタ

と国許姉上より申来れり。

夕、有川吉清氏来訪。

十二月五日　火曜

午前、海兵団の入団式に臨み訓示を朗読。

午後、重油槽新設地、富士（入渠中の）等を見る。

夜、水交支社に於ける中佐以下の将退役士官の別宴に臨み、一場の挨拶を為す。宴後、高松公春〔海軍中佐、砲術学校教官、旧公家〕、万代某中佐〔納次郎〕等別室に来り緩談。

本夜の出京予定を変更し官邸に帰る。

姉上に返電。

　喜ブ、御骨折ヲ謝ス

十二月六日　水曜

午前七時発、出京。途中、安河内神奈川県知事を官邸に答訪。

午前十一時半参内。秩父宮様の御成年式の為也。午餐を賜る。皇后陛下、摂政宮殿下も出御。

宮中にて石井〔菊次郎、駐フランス〕大使の咄に依れば、十二月中には仏国も華府条約を批準〔准〕すべしと楽観的なり。

二上〔兵治、枢密院〕書記官長は全然反対なるも可笑し。

本夜、山路氏来訪、田中等と握手努力の要を説くところあり。然れども情況を先づ明にしたる上、投石の必要ある事を痛説しおけり。

十二月七日　木曜

七時五十三分品川発、大磯に赴き中川氏を訪ふ。

十二時過、鎌倉別荘に亀井氏を見舞ひ、畳の新くなれるを見、門柱植直しを鈴木氏に依頼しおき、一時過帰横。

本夜、軍縮の為休むべき大佐以上廿余名を招き、廿六、七名の来会あり。就中、山本克忠氏の名古屋よりの来会は多とするところなりき。
姉上、渡部豊、神田豊両氏より来書、去四日に水間が北口地面と二軒の貸家とを合せて三万二千にて買取りの契約なれる経緯詳に報告し来れり。
佐久間国安氏来訪。

十二月八日 金曜
転免職者多数来府の中に、山本清氏も昨日帰京、本日海兵団教務副官に着任の旨にて披露し来れり。武雄、茉莉両人の一件も概略咄しおけり。
姉上、渡部、神田両氏へ礼状旁答書す。
袖長本日解雇にて辞去、出京。

十二月九日 土曜
午後出京。

十二月十日 日曜
昼前より中川母子三人来訪。
午前、石川某来訪。
夕刻より三州倶楽部に於ける都城地方人士の歓迎宴に臨む。

十二月十一日 月曜
午前六時二十分上野発にて土浦に赴き、霞浦航空隊の検閲。
本夜、桜井旅館に一泊す。

十二月十二日 火曜
午前九時より航空隊の検閲続行。飛行現業査閲。
午後一時四十分過発の列車にて帰京。
山路氏、次で山之内氏来訪。
何物にか食傷し下痢。

十二月十三日 水曜
朝帰横、出府。
夜に入り妻来横。

十二月十四日 木曜。
本夕、中川母子を横須賀官邸に晩餐に招く。松方乙彦、山本清両氏来会。当方は吾等夫婦、武雄及辰彦の四人なり。

十二月十五日　金曜

午前十時神威始て入港に付、十一時前往訪。我海軍第一着の電気推進機艦の事とて、見物人頗る多し。

午後、一般会報。時局に関し一片の訓誨を試む。

本夕、水交社の幹事会に臨み、次で笠島元社監の慰労の会食に臨む。

姉上より来書。

十二月十六日　土曜

午後出京。加藤純吾氏〔工場経営、宮崎県出身〕来訪しあり。

十二月十七日　日曜

午前、有田、永井柳太郎〔衆院議員、早稲田大学教授〕、村上貞一、湯地幸平氏〔元内務官僚、貴院議員、宮崎県出身〕等来訪。

午後、伊集院俊氏来訪。

夕刻、台町を訪ふ。

十二月十八日　月曜

貴衆両院議員三十余名神威見物に来り、水交支社にて午餐を共にす。一場の挨拶を為し、花山院侯答辞あり。

夕、水交社に於て淘汰准士官の為に送別晩餐。

十二月十九日　火曜

両陛下葉山離宮へ御成に付、十一時五十分先づ逗子停車場に迎へ、次で離宮に天機を伺ふ。

十二月二十日　水曜

午前、神威の検閲、成績極て優良。

午後、水交支社に於て米内〔光政、ベルリン・ポーランド駐在から帰国〕大佐の露、ポーランド等に関する講話。

夕、村瀬〔貞次郎大佐〕神威艦長等並米井〔内カ〕大佐を晩餐に招く。

年金三百五十円を受取る。

十二月二十一日　木曜

晴天、稍温暖を覚ふ。

庭池の水道水流出しつゝあるを見、急で停止す。

エルドリッチ中佐〔Eldridge、センピル教育団一員、兵器科教官〕夫婦の名刺を硯箱中に発見す。

午後三時より放波島見張所建設地を視察す。

十二月二十二日　金曜

出府。

午後三時過の汽車にて出京、帰邸。

夜、山路氏来邸、千秋氏等と会談の咄あり。言動の軽率の嫌なきやを感ず。

十二月二十三日　土曜

山路氏を訪ひ、言動を慎重にするの要あるべしと忠告。

朝、龍岡真人氏島津男爵家使として来訪、御歳暮等を賜れり。

午後、井上元帥訪問。島村大将邸見舞（夫人に面語）を為し、島津男爵邸に礼訪の後、三時前海軍省に出頭、次官、軍務局長に面会、島村大将は寧ろ此際思ひ切り軍縮淘汰の仲間入として処分せらるゝ方、大将の為に親切なるに非ずやとの意見を陳べ置けり。軍令部長、教育本部長〔野間口兼雄〕、軍令部次長〔加藤寛治〕等は退出後にて面会するを得ず。

帰途、松方乙彦氏を訪ひ夕食の後辞去。

竹下氏を訪ふ。

十時前帰邸。

十二月二十四日　日曜

午後、中村嘉寿氏来訪に付、山路氏を招き紹介し、報徳銀行善後策咄抔あり。

予は予定に由り妻児を同伴、四時品川発汽車にて帰横。

十二月二十五日　月曜

午前十時前、出府。妻、娘を水交支社迄携行。

午前、大谷大湊要港部司令官来訪。次で村上大将、神威、鳳翔視察を了へ来訪、村上、財部を残す一己の腹案なりと咄ありたりと咄あり。

夕刊新聞に鈴木馬左也氏〔住友財閥理事〕死亡の報あり。可惜。

十二月二十六日　火曜

出府、例の如し。第十五駆逐隊司令〔及川古志郎大佐〕以下来府（始て呉より入港に付）。

午後二時退出。八幡小校長勝山〔直吉〕、同教員今井誠氏同伴帰邸。真幸、四郎両人の算術復習指導を嘱托す。

妻女本日より俄に国許老母始め三老人の為、毛糸ショール編方を始む。

夜に入り、実東京より来着。

十二月二十七日　水曜

午前十時過より鳳翔に赴き巡視。同艦は正十時に工廠長〔藤原英三郎〕より艦長〔豊島二郎大佐〕に引渡済にて、已に軍艦旗翻り居れり。

午後運動場（辺〔逸〕見）、次で海友社、文庫を見舞ふ。

武雄茉莉子嬢同伴、帰家しつゝあり。

夕刻、奥宮市長来訪。

十二月二十八日　木曜

午前出府。終務と為る。

高松宮宣仁親王殿下神威御見学にて、山梨参謀長御案内申上ぐ。

夜に入り年賀状認方等。

初夜、由美姉上より来電。

　本契約済ンダ　弓

去廿五日期日の手附が本日にて皆納入と為れるものか。難産なるべしと予期せる事故、僅三日の延期にて本契約結了とは、先づ好首尾と云ふ可し。

五郎風邪稍増進。

十二月二十九日　金曜

午前、揮毫を試む。

午後、草鹿〔龍之介太尉〕副官と実、真幸及四郎同伴、大楠山に昇る。曇天にて遠望意の如くならざるも、房州、大島、伊豆諸山等眼下に展開し、絶景たるを失はず。

十二月三十日　土曜

妻児同伴、浦賀、油壷、武山等を経て夕刻帰邸。

夕より加藤寛治氏来訪、首相病気に付、海軍の前途憂慮の咄あり。岡田中将専任海相に適任なるべしと答へ置けり。井出氏も近頃漸く迷夢より醒めたる如しとの咄もあり。十時二十分発にて帰京。無事横浜以東の電車に接続出来たるやを気遣はれり。

十二月三十一日 日曜

昼前より出発、出京。先、高輪を訪ふ。水野〔錬太郎〕内相昨日来訪にて、臨時総理任命の手続を取る事必要なるべしと注意しおけりとの咄あり。

三光邸に立寄り、山路氏と語る。

山田元七〔出入りの大工〕へ五十円丈払ひおけり。

夕より山内氏を訪ひ夕食を共にし、七時辞し帰り帰横。

〔補遺〕

北口地積（町役場調）

都城町大字宮丸字八幡三三九六番ロ号

一、宅地参百拾六坪

内五十四坪五合二夕（道路敷地に売渡）

残地　弐百六拾壱坪四合八夕

〔四月〕

七　（金）　前一〇、三〇　海軍省　西少将へ電話

八　（土）　后　一、〇〇　幼稚舎　三、〇〇　袖ヶ崎

実試験　夜に入り第一学年に採用の報あり

九日（日）

一〇（月）　夜東京発

一一（火）　午後佐着

一二（水）　朝、佐世保着

〔領収書〕

記

自大正　十年十二月

至同十一年七月卅一日　短艇壱隻保管料　壱六円〇〇〇

七月卅一日　右出庫の上逗子山本家別邸へ御届賃

九円五〇〇

八月廿九日　御荷物二十一個、高崎より陸揚げの上

御邸へ御届賃及切解賃共　七円九八〇

合計金参拾参円四拾八銭

右之通り領収候也

大正十一年九月

（公認運送取扱店）　海陸軍御用運搬請負

汽車汽船積貨物取扱

横須賀市旭町三十五番地
海陸軍納品　　請負
艀船　人夫　　請負
杉山回漕部
電信略号　スキ
特長電話五九番
振替貯金一四三一六番
横須賀駅前
杉山回漕店陸送部
電信略号　スリ
電話四八二番
振替貯金一四三一六番

財部海軍大将様

〔小為替金受領証書〕

記号番号　　りはに六弐壱九番

一　金拾参円六拾銭也

本受領証書は為替金の払戻又は再度証書の請求及其の他の請求を為す場合に差出人たることを証明する為必要に付大切に保存相成度候

〔住所人名録〕

鎌倉町字扇谷
都城町字下長飯
西草深町　相原　文四郎
大坂市北区中之島　原田　六郎
釜山府冨民町　岩切　信武
東京市外北品川御殿山　山本　英輔
別府町万屋　財部　由美子
東京市外青山原宿　肥田　景之
麹町区元園町　野坂　相如
中尾屋敷住人　能勢　武次
菊
都城商業学校長　石川　於菟喜
長崎三菱造船所社宅　深川　静
電話　三三〇乙
副島、石井同伴、谷口なる家を訪ふと云ふ
朝鮮全羅南道木浦府国武農場　国武　克巳
青山原宿　木村　剛
東京市牛込区　福原　鐐二郎
本間　則忠
埼玉県大宮町　山田　久良

東京市外中野町　山本安夫
佐賀県鳥栖町　野崎熊次郎
〃　〃　ツル子
赤坂区榎坂町　小林碧
東京赤十字社病院　博士　吉本清太郎
北海道古宇郡堀株村　細川長八
赤坂区一ツ木町　武満義雄
鹿児島県日置郡西市来村川上
博学妙人　門田喜太郎
下関市観音崎町十五銀行支店　伊地知正一
大坂市東区和泉町　愛甲兼達
福井県大野町向山水力株式会社大野出張所
三澤保彦
名古屋市東区千種町赤萩　入間野武雄
京都市上京区小山中溝町　神谷邦淑
東京市外北品川御殿山　山本英輔
牛込区南榎町　村上貞一
市谷加賀町　龍岡真人
広島市天神町天城旅館　杉原義威
東京府荏原郡入新井町　木村剛

荏原郡上大崎長者丸　成田栄信
鎌倉雪ノ下　金丸延次郎
東京市麻布笄町　伊集院俊
四谷仲町　小栗孝三郎
静岡県浜松市船越日本形染株式会社　吉本甚七
永田町　竹埼一二
京都府熊野郡久美浜局区内　袖長伊蔵
同　愿
鹿児島県西日置郡西市来村　江上西生
東京市外高田村雑司ヶ谷　山本盛重

【解題】日記を読むにあたって

季武　嘉也

本書は、国立国会図書館憲政資料室所蔵の「財部彪関係文書」に収められている「財部彪日記」（明治二十三〜昭和十八年）の中から大正十年一月〜十一年十二月分を翻刻したもので、既に大正十二〜昭和五年分を翻刻した尚友倶楽部・季武嘉也・櫻井良樹編『財部彪日記　海軍大臣時代』（尚友叢書23、尚友倶楽部、令和三年）の直前の時期にあたり、続編ともいうべきものである。そのため、人物としての財部彪および史料としての「財部彪日記」についての詳しい解説は、前著『財部彪日記　海軍大臣時代』の解題に譲り、ここではこの時期に限定して簡単に説明していく。

宮崎県都城に生まれた財部彪（一八六七〜一九四九）は海軍エリートとして順調に栄進し、明治四十二年十二月には四十二歳の若さで海軍次官に就任した（次官時代の日記は、坂野潤治・広瀬順晧・増田知子・渡辺恭夫編『財部彪日記　海軍次官時代（上）・（下）』山川出版社、昭和五十八年として翻刻されている）。こうして、軍政家としての将来が期待されたのであるが、大正三年に義父である首相山本権兵衛がいわゆるジーメンス事件の影響で退陣すると、その余波で彼も中央の軍政畑から外され、地方勤務を余儀なくされた。すなわち、大正四年十二月十三日旅順要港司令官、大正六年十二月一日舞鶴鎮守府司令長官、大正七年十二月一日佐世保鎮守府司令長官、大正十一年七月二十六日横須賀鎮守府長官、大正十二年五月十五日海軍大臣、と転勤を重ねていく。したがって、前著『財部彪日記　海軍大臣時代』が横須賀鎮守府司令長官時代から始まり、それに続く海軍大臣時代をカバーしたのに対し、本書は佐世保鎮守府司令長官時代の後半と横須賀鎮守府司令長官時代の前半を取り扱うことになる。日記は各年ごとに刊行される市販の日記帳が利用され、概ね墨書で毎日記されている。

さて、本書を刊行した意義について一言触れておきたい。大正十・十一年といえば、言うまでもなくワシントン会議が開催された時期である。第一次世界大戦の悲惨さから沸き起こった世界的な厭戦気分、軍縮風潮を背景に、米大統領ハーディングが日本・英・仏・伊・和蘭・ポルトガル・ベルギー・中国の各国に呼びかけ、海軍軍縮と中国問題をテーマに国際会議の開催を提唱した。これに呼応して日本も参加を表明し、大正十年十一月から翌年二月までワシントンで会議が行われ、日本からは海軍大臣加藤友三郎が代表として渡米した。そして、結果的には太平洋の現状維持を定めた四カ国条約、主力艦の比率を英米五、日本三と定めた海軍軍縮条約、中国の領土保全、門戸開放などを定めた九カ国条約が締結されて会議は成功裏に終わり、その後、昭和六年満州事変に至るまでのワシントン体制が確立されたことは有名であろう。

しかし、その裏では日本海軍に大きな衝撃が走っていた。日露戦争で日本が勝利して以降、国家機密の戦略レベルだけでなく、日米双方の民間レベルからも次には中国を巡って日本と米の間で戦争が起こるであろうとの憶測が生まれ、さらに二十一カ条要求など第一次世界大戦中の日本の対中国政策によってそれは増幅した。日米両海軍もこれを意識して海軍拡張に努めていた。ハーディングの提唱は、まさしくこのような憶測を払拭しようとするものだったのである。そして、前述のように加藤友三郎ら海軍主流はワシントン会議の結果を受け入れて海軍軍縮、日米協調の方向に舵を切ったが、一方で加藤寛治のように軍備格差が固定されることで国防に不安を持つ軍人も生じた。そして、周知のように、この小さな亀裂は昭和五年のロンドン海軍軍縮条約締結以降いっそう広がって「条約派」「艦隊派」と呼ばれる対立となり、さらには国民をも巻き込んだ国家の大分裂へとつながっていく。

本書は、このような海軍内対立の分岐点となったワシントン会議期をカバーしており、当時の海軍の内情を知る上で重要なものといえよう。そして、前著『財部彪日記　海軍大臣時代』と併せ読むことで、ワシントン体制期の海軍の動向を見通すことにも寄与すると考える。

本書を読んでいただければ分かることであるが、内容をごく簡単に紹介してみたい。まず、ワシントン会議であるが、それに関する記述の初出は大正十年五月三十一日であった。実際に財部の動きが活発になるのは同年十一月以降で、十一月二十八日条には「野間口大将に華会議に対する所見を開陳しおけり。我主張容れられざるときは一年延期を申出で、帰朝の決心は如何んとの意見を陳べおけり」との記述がみられる。加藤寛治に関しては、「加藤寛治中将が近時神経興奮の状況、先の秋山中将晩年に似たりとの山本信次郎大佐の評なりと云ふを聞く。聊か痛心なり」（大正十年一月二十一日）、「加藤中将より来状、軍備制限会議は軍備制限は次の次にして敵本主義なりと云ふ上田大佐の報告ありと云ふも、予は然りとのみに考へず」（大正十年七月十六日）などの記述が目を引く。ただし、財部と加藤寛治が個人的に非常に親しかったことは、日記の記述全般を通して感じられる。また、「第四十六聯隊軍旗拝受紀念会に参会。地球儀の上米国の位置に日本を侵さんとする大蛸を置き、日本の位置に立ある一兵が睥睨しつゝある造物あり。下士卒等の頭脳中に昨今浸込つゝある如斯者あるかと感じたり」（大正十年三月三十日）と、世論に関する感想も興味深かった。日記には、このほかにも司令長官としての日常や、宮中および薩摩閥に関する記事も見受けられる。

本書も前著と同様に、松平晴子氏の献身的なご尽力によって刊行にたどり着くことができた。こころより感謝申し上げる次第である。また、校正や人名注など櫻井良樹氏や尚友倶楽部調査室スタッフの多大なご努力に負う部分が多かった。これまた、深く感謝する次第である。

後記

尚友倶楽部史料調査室　藤澤恵美子

本書は、国立国会図書館憲政資料室が所蔵している「財部彪関係文書」の「日記　大正十年・大正十一年」を翻刻したものである。令和三年に刊行した『財部彪日記　海軍大臣時代』の編集最終段階で、季武嘉也先生から「ワシントン体制の始まりである大正十年から含めれば良かった。」とのご意見をいただいたことが、今回の刊行につながった次第である。

刊行に際し、財部彪ご令孫財部實禧氏からは、快くご承諾を賜るとともに、写真をご提供いただき、グラビアに使わせていただいた。

季武嘉也創価大学教授は、編集、校正、解題を担われ史料集として完成された。櫻井良樹麗澤大学教授は、校正、人物調査にご協力を頂いた。

原本は、口絵写真にもあるように解読が非常に困難であったが、尚友倶楽部嘱託・松平晴子氏は根気よく読み解き、入力も行った。また、国立国会図書館には原本参照等、種々ご協力を得た。

上記のごとく多くの方々のご尽力、ご協力を得て本書が刊行に至ったことを心より感謝申し上げる。本書が貴重な記録として、他の史料集と共に日本近現代史研究に寄与することを願う次第である。

編者
一般社団法人尚友倶楽部《しょうゆうくらぶ》
旧貴族院の会派「研究会」所属議員により1928年に設立された公益事業団体。学術研究助成、日本近現代史関係資料の調査・研究に取り組んでいる。その成果は、『品川弥二郎関係文書』『山縣有朋関係文書』『三島弥太郎関係文書』『阪谷芳郎東京市長日記』『田健治郎日記』などの資料集として叢書51冊、ブックレット38冊が出版されている。

季武 嘉也（すえたけ　よしや）
創価大学文学部教授
1954年生まれ。東京大学大学院人文科学研究科博士後期課程単位取得満期退学。博士（文学）。
主要業績：『大正期の政治構造』（吉川弘文館、1998年）、『選挙違反の歴史』（吉川弘文館、2007年）、『日本近現代史―民意と政党』（編著、放送大学教育振興会、2021年）、『財部彪日記〈海軍大臣時代〉』（芙蓉書房出版、2021年）

財部彪日記《たからべたけし》　大正十年・十一年
――ワシントン会議と海軍――
〔尚友ブックレット *39*〕

2024年 4月25日　発行
編　集
尚友倶楽部史料調査室《しょうゆうくらぶしりょうちょうさしつ》・季武嘉也《すえたけよしや》
発　行
㈱芙蓉書房出版
（代表　平澤公裕）
〒113-0033東京都文京区本郷3-3-13
TEL 03-3813-4466　FAX 03-3813-4615
http://www.fuyoshobo.co.jp

ISBN978-4-8295-0880-0